全 国 科 普 创 作 与 产 品 研 发 示 范 团 队 作 品

求知阶梯系列

距离课堂最近的
影响孩子一生的经典

播种诚信

刘兴诗 黄寰 / 主编

青少年
百科
图书馆

科学性 趣味性 文学性

父 母 送 给 孩 子 最 好 的 人 生 礼 物

培养参与性，训练逻辑思维力和表达力，
激发想象力，挖掘探索力和创造力。

时代出版传媒股份有限公司
安 徽 教 育 出 版 社

图书在版编目（CIP）数据

播种诚信 / 刘兴诗，黄寰主编．—合肥：安徽教育出版社，2016

（青少年百科图书馆）

ISBN 978-7-5336-8199-9

Ⅰ．①播…　Ⅱ．①刘…②黄…　Ⅲ．①品德教育 - 青少年读物　Ⅳ．① D432.62-49

中国版本图书馆 CIP 数据核字（2016）第 052245 号

播种诚信

BOZHONG CHENGXIN

出 版 人：郑　可
质量总监：姚　莉
策划编辑：胡延东　杨多文　徐宝妹
责任编辑：周　佳
装帧设计：戴　军
责任印制：王　琳
出版发行：时代出版传媒股份有限公司　安徽教育出版社
地　　址：合肥市经开区繁华大道西路 398 号　邮编：230601
网　　址：http：//www.ahep.com.cn
营销电话：（0551）63683011，63683013
排　　版：北京名壹堂图书有限公司
印　　刷：三河市腾飞印务有限公司
开　　本：660mm × 960mm　1/16
印　　张：10.5
字　　数：154 千字
版　　次：2017 年 3 月第 1 版　2017 年 3 月第 1 次印刷
定　　价：25.80 元

序 言

我们从呱呱坠地开始，就与这个浩瀚的宇宙有了质的接触，在与这个万花筒似的世界建立密切关系的过程中，我们会发现各种有趣的事物，接收到不同学科的知识。随着人类科技的发展，广阔飘渺的宇宙俨然成了一本供世人阅读的活页大百科全书，等待人们去探索，去学习，去掌握，去开拓。“青少年百科图书馆”丛书力求贯彻国家课程标准和各项专题教育纲要的精神，内容深入浅出，集知识性、趣味性、文学性为一体，以诙谐有趣的口吻、简洁规范的文字、精美生动的插图为读者呈现科普知识的饕餮大餐，这些科普知识与中小学各学科内容紧密结合，有助于提高中小学生的科学素养和人文素养。

本丛书内容丰富，有趣味盎然的古老传说、文笔优美的名人轶事、引人入胜的科学小实验、简明的知识等。为了让读者能够轻松地阅读，快乐地学习，积极地思考，丛书的每一篇文章都有紧扣课程标准的“知识点”、开拓视野的“知识链接”、培养探索能力的“动动手”以及扣人心弦的手绘插图四个部分，让读者在循序渐进的阅读过程中与科普进行深层次的精神交流，同时激发读者对科普的热情，培养读者对科普的兴趣。

本丛书共计 19 本，取材广泛，知识新颖，分为两个系列：“快乐学堂系列”“求知阶梯系列”，文字累计超过 300 万字。“快乐学堂系列”有 10 本，读完这一系列读物，将有助于你拥有健康的心灵（心理健康教育），理解诚信的真谛（诚信教育），具备初步的法律意识（法律），了解安全自救的基本知识（安全教育），增强对中国文化的美好情感（语文），懂得生命在于运动（体育），务实英文学习基础（英语），树立环保意识（环境教育），养成懂礼貌的好习惯（礼仪教育），展开科学之旅（科学）。“求知阶梯系列”有9本书，读完这一系列读物，你可以学习交谈的艺术（礼仪教育），爱上诚信这个朋友（诚信教育），体会弹指一挥间的快乐（体育），找到快乐的源泉（心理健康教育），接触生态建筑（生物），进入立体世界（数学），触摸穿越时空的门（物理），感受世界各地的魅力（英语），找准自己的目标（思想品德）。

在中国科协项目、四川省科技计划科普培训项目、四川省科协项目和成都市科协项目等的支持下，来自全国科普创作与产品研发示范团队“成都理工大学刘兴诗工作室”、成都理工大学四川省哲学社会科学普及基地、成都理工大学大学生记者站、四川创新区域经济研究院、四川省科普作协、成都市科普作协等部门众多一线教学工作者和有着丰富写作经验的科普作者经过两年多的精心策划和编纂，“青少年百科图书馆”系列图书终于与读者见面了。同时，丛书的所有绘图也得到了成都崇州市艺林美术学校支持，由其组织供稿。作者团队殚精竭虑，在参考众多文献的基础上，尽量使丛书反映出当代科学发展的最新信息，但是由于精力和水平有限，书中难免出现些许瑕疵，望读者不吝赐教，以便我们不断改进。

刘兴诗

2016年7月

目　录

第1章

古今厚德
诚信治学

诚意拜师

知识点 学习礼仪道德最基本的莫过于懂得诚信、诚心、诚意。

中华道德礼仪源远流长，诚信更是做人之本。张良拜师为我们树立了一个良好的榜样，下面就让我们一起来看看他的故事。

张良拜师

张良是汉高祖刘邦的军师，他的祖先是战国时期韩国人。秦灭韩后，张良立志为韩国报仇。后来，他因刺杀秦始皇未遂受到追捕而退避到下邳。

张良在下邳闲暇无事。有一天他到下邳桥上散步时碰到一个老人。穿着粗布短衣的老人走到张良旁边，故意把鞋子掉到桥下，然后回过头来冲着张良说："孩子，下桥去给我把鞋子拾上来！"张良听了一愣，气不打一处来，但一看是个老人，就强忍着怒气，到桥下把鞋拾了上来。那老人竟又命令说："把鞋子给我穿上！"张良一想，既然已经给他拾来了，不如就给他穿上吧，于是就跪在地上给他穿鞋。那老人把脚伸着，让张良给他穿好后，就笑着走了。张良一直用惊奇的目光注视着他。那老人走了大约一里路后又折回身来，对张良说："你这个孩子是能成才的，五天后的早上，天一亮就到这里来同我会面！"张良跪下来说："是！"

第五天，天刚亮，张良到了下邳桥上。不料那老人已经等在那里了，见了张良就生气地说："和老人约会，怎么迟到了？五天后早上再来相会！"说完就离去了。到了第五天早上，鸡一叫，张良就赶去，可是那老人又已等在那里了，见了张良又生气地说："怎么又掉在我后面了？五天

后早点来！”说完又走了。到第五天，张良半夜就赶到桥上，等了好久，老人才来。这回，老人高兴地说：“这样才好。”然后他拿出一本书来，指着书说道：“认真研读这本书，就能做帝王的老师了！过十年，天下形势有变，你就会发迹了。再过十三年，你就会在济北郡谷城山下看到我——那儿有块黄石就是我。”老人说完就走了。

天亮时，张良拿出那本书来一看，原来是《太公兵法》（辅佐周武王伐纣的姜太公的兵书）。张良十分珍爱它，经常熟读，反复地学习、研究。

十年后，陈胜等人起兵反秦，张良也聚集了 100 多人响应。当时，刘邦率领几千人马，在下邳的西面攻占了一些地方。张良就归附于他，成为他的部属。张良根据《太公兵法》向刘邦献计献策，成了刘邦运筹帷幄、决胜千里的军师。刘邦称帝后，封他为留侯。

张良始终不忘那个给他《太公兵法》的老人。十三年后，他随从刘邦经过济北时，果然在谷城山下看见有块黄石，并把它取回，称之为“黄石公”，作为珍宝供奉起来，按时祭祀。张良死后，家属把这块黄石和他葬在一起。

这是一个动人的传说，张良第三次才见到老师，如果是你，你会去三次吗？正是张良拜师的诚意打动了那位“黄石公”，才得到了那本成就霸业的兵法。

知识链接

张良（约公元前250—公元前186年），字子房，汉族，汉高祖刘邦的谋臣，秦末汉初杰出的军事家、政治家，汉王朝的开国元勋之一，“汉初三杰”（张良、韩信、萧何）之一。他以出色的智谋协助汉高祖刘邦在楚汉之争中最终夺得天下。待大功告成之后，张良隐退。

动动手

和同学讲讲你了解到的其他有关张良的历史故事。

史书中的诚信

知识点　史书是古籍中专门记载历史的书，由于它性质的特殊性，因此内容要求真实、客观。

宋真宗赵恒在《励学篇》中写道：“安居不用架高楼，书中自有黄金屋”。其意义在于鼓励当时的学士们努力读书考取功名。而用于记载历史人物事件的史书，也让我们领略到它记载历史的客观真实的态度。

吴兢拒不改史

武则天晚年有两个宠臣，一个叫张昌宗，一个叫张易之。两人恃宠而骄，宰相魏元忠很是气愤，就对武则天说他们是小人，不该把他们留在身边。

两人知道了这件事，担心一旦武则天死了，魏元忠要处死他们，因而对魏元忠怀恨在心，便诬陷魏元忠有不忠于武则天的阴谋。武则天于是下令逮捕了魏元忠。

为了置魏元忠于死地，张昌宗暗地里诱逼凤阁舍人张说出面作伪证，事成之后报以美官。张说当时就答应了。

一天，武则天传召张说。在他进宫之前，同为凤阁舍人的宋璩劝他说：“名义至重，鬼神难欺，可万万不能伙同小人陷害君子呀！”张说听从了宋璩的话。

在武则天问及此事时，张说如实禀告，说自己没有听到魏元忠说过不忠于武则天的话，是张昌宗逼迫他让他诬陷魏大人。结果，魏元忠得以免死，张说则被流放岭南。

文馆学士吴兢在撰写《则天实录》时，清楚明白地写上了这一段历史事实。

武则天死后，张说又回到朝中。从唐睿宗景云二年（公元711年）起，张说一直担任宰相等要职，并兼修国史。他看到这段记载后，觉得尽管符合事实，但有损自己的形象，所以就动了改史的念头。

张说知道这是吴兢写的，故意说："刘五（即史学家刘知几）太不相容了！"吴兢站起来说："这本是我写的，这段史文的草稿都在，您怎么能错怪死去的人呢？"

后来张说又请求吴兢改动几个字。吴兢就是不答应，他说："假如顺从您的请求，那么这部书的笔法就不能算作正直的，怎么能够让后世相信呢！"

宁死不说假话的高允

北魏的高允历任北魏五位帝王的大臣，位高权重、声名显赫。他为人正直，为官清廉公正、洁身自好。

魏太武帝是北魏的第三个皇帝，他曾令崔浩带几个文人编写魏国的历史，并叮嘱他们：写国史一定要实事求是。

崔浩和其他几个文人按照要求搜集了魏国上代的资料，编写了一本魏国国史。当时，皇帝编写国史的目的只是留给皇室后代看的。崔浩为了提高自己的声望，别出心裁地把国史刻在天坛路两旁的石碑上。

国史里记载的倒是史实，但是，北魏统治者的祖先是鲜卑族拓跋部人。拓跋部人是东北游牧部落。那时，他们的文化还十分落后，不懂什么礼节，有些事情在汉族人看来是不体面的。过路人看了石碑，于是就纷纷议论起来。

魏太武帝听说后，认为崔浩等人这么做是成心揭朝廷的丑事，于是，便命令把写国史的人统统抓起来查办。参加编写的高允是太子的老师。太子得到这个消息后，就对高允说："我陪你朝见皇上。如果皇上问你，你就照我的意思答话，别的什么也别说。"

高允第二天就跟随太子一起上朝。太子先上殿见了魏太武帝，说："高允这个人向来谨慎，而且地位比较低。国史案件全是崔浩的事，请陛下免了高允的罪吧！"

魏太武帝召高允进去，问他说："国史都是崔浩写的吗？"高允老老实实地回答说："不是！崔浩只提了个纲要。具体内容，都是我和别的史官一同编写的。"魏太武帝又追问他说："真是这样吗？"

高允说："我犯了罪，还敢欺骗陛下吗？太子那样说，是想救我的命。"魏太武帝看到高允这样诚实，就赦免了他，但命令他起草一道诏书，说崔浩诬蔑朝廷，判满门抄斩。

高允回到官署，犹豫了半天，也没有写出半个字来。

魏太武帝派人一再催问，高允说："我要求面见皇上一次。"于是，高允进宫对魏太武帝说："崔浩做这件事私心重，是有错误的。但是，编写历史记载帝王活动并没有错。再说，国史是我和崔浩一起编写的，出了事，怎么能全推给他呢。陛下赦免了我，我十分感激。但要我为了活命说违背良心的话，我做不到。"

魏太武帝大怒，认为高允不识好歹，于是就让武士把他押到监牢里。后来在太子的再三恳求下，皇上才把他放了。

这些纪录史实的史官们以一颗正直诚实的心履行着自己的责任和义务。诚信是他们坚守的准则，也是他们做人的原则。

知识链接

我国史书的种类大致可分为以下几种。

正史：以纪传体、编年体的体例，记载帝王政绩、王朝历史、人物和经济、军事、文化、地理等诸方面情况的史书。

别史：主要指不同于编年体、纪传体，杂记历代或一代史实的史书。

杂史：只记载一事之始末、一时之见闻或一家之私记，是带有掌故性的史书。

野史：有别于官撰正史，是民间编写的史书。

稗史：通常指记载闾巷风俗，民间琐事及旧闻之类的史籍。

动动手

同学们看过有关某个朝代的史书吗？请给大家讲讲其中的一个故事。

人先信而后能

知识点

求学时应抱着“知之为知之，不知为不知”的态度，不要抱着急功近利的侥幸心理。

在书本中我们总会学习认识到一些优秀的人，他们被别人称赞，为人所敬佩，细心发现，你能从中了解到他们无不是虚心向学、先“信”后“能”的。

东坡悔续菊花诗

苏东坡被贬湖州三年，三年期满，回到京城。他想到当初因为得罪王安石而遭贬，这次回京必须先去拜访王太师，然后再去朝见天子。于是，骑马朝王丞相府走去。当苏东坡来到相府时，王安石正在睡觉，他被管家徐伦引到王安石的东书房用茶。

徐伦走后，苏东坡见四壁书橱关闭有锁，书桌上只有笔砚，更无余物。他打开砚匣，看到是一方绿色端砚，甚有神采。砚池内余墨未干。忽见砚匣下露出纸角儿，取出一看，原来是两句未完的诗稿，他认得是王丞相写的《咏菊》诗：“西风昨晚过园林，吹落黄花满地金……”苏东坡心想：“只有秋天才刮西风，西风起处，百花尽落，但菊花有傲霜之骨，怎会花瓣四处飘落呢，王公真是‘江郎才尽’，信口开河啊！”

于是他挥笔续诗：“秋花不比春花落，说与诗人仔细吟。”写完拂袖而去。

王安石见到苏东坡的续诗，暗自说道：“真是少见多怪！”随后，便建议皇上将苏东坡调到黄州。

苏东坡到任后，一日与好友陈季常到后花园赏菊饮酒。这天正值大风

过后，园中十几株菊花枝上一朵花也没有，只见满地铺金，落英缤纷。东坡一时瞠目结舌。陈季常问：“菊花落瓣，您何故如此惊诧？”东坡便告之王府改诗一事，并十分感慨地说：“去年被贬来黄州，以为是荆公恨我揭他短处，公报私仇，今见风吹菊落，方知是我之错。可见，凡事须谦虚谨慎，万不可自恃聪明，随便讥笑他人。”

回京后，苏东坡向王安石“负荆请罪”，承认了错误。苏东坡知错就改，其谦恭自责的精神着实可贵。

这个故事给我们的启发是：凡事要谦虚谨慎，千万不可自恃聪明，随便讥笑别人。

司马光学习诚信

童年的司马光与弟弟司马义一起读书。司马光天资聪明，过目不忘；而司马义虽然天性驽钝，但为人忠厚老实。

一天，教书先生对司马光的一篇作文大加赞扬，可司马光却红着脸低下了头。原来，这篇作文不是他自己写的，而是从古书上抄袭来的。司马义知道后，建议他立即去向先生说清楚，但是，司马光却犹豫不决，并

说：“我只抄袭了一部分，先生是不会看出来的。”

有一天，父亲把兄弟二人叫到了书房，吩咐他们剥一包花生米的皮，看谁剥得最多，唯一的条件是要自己想办法，不能让他人帮忙。

为了得到父亲的赞扬，司马光拼命地剥，他采用了很多的办法，内皮还是牢牢地包在花生米上。他心一急，干脆用牙齿使劲地啃起来。

这时，丫鬟梅香走了过来，看见司马光焦急的样子，不禁“扑哧”一笑。她说：“我来教你个办法吧，包你剥得又快又好。”司马光想起了父亲的规则，有些犹豫；但一想到剥得多能得到父亲的赞扬，他还是决定让梅香帮忙。

一会儿，司马光兴冲冲地来到父亲的书房，将一包圆润光洁的花生仁交给了父亲。奇怪的是，父亲并没有夸奖他，而是问他是不是自己动脑筋剥好的。司马光犹豫了一下，还是点了点头，但脸色却非常难看。父亲非常失望地看着他，什么话也没有说就让他出去了。

司马光回到自己的房间，内心充满矛盾……最终诚实战胜了虚荣，他径直走向书房，向父亲承认了错误。

父亲看着他，眼神中透出一丝喜悦，但却严厉地说：“诚信是做人之本。一个从小为了一点小事投机取巧的人，长大了会成为廉洁正直的人吗？”

司马光牢牢地记住了父亲的话，从此再不说谎。长大成人后，他还给自己取了个字，叫作“君实”，以此勉励自己永远做一个诚实正直的人。

知识链接

古代哲人强调知过即改，这是诚实的一种表现。《孟子·滕文公下》载有一则寓言：有一个人每天都偷邻居家的鸡，有人劝告他说：“这不是有道德者的行为。”那人回答说：“那么，我打算减少一些，一个月只偷一只鸡，等到明年，然后停止偷鸡。”这则寓言说明，如果已经知道这样做是不道德的，就应立即改正，何必等到明年！所以，人应该“迁善如风之迅，改过如雷之烈”。

动动手

生活中，你有没有过不诚实的行为，又是怎么改正的？

第2章

以诚修身
以信自律

质朴又弥足珍贵

知识点

老子曾说："信言不美，美言不信。"

从古至今，关于诚信的故事数不胜数，许多文人豪士无不是将诚信视为为人之标、做人之准，下面让我们一起来领略他们的风采吧！

诚信状元楼

明朝嘉靖年间，有人在清河县衙门口建了一座"状元楼"，这是为当地一位叫丁士美的状元修建的，这其中还有一个故事。

明朝嘉靖三十八年（公元1559年），清河县的丁士美赴京城赶考。途中，一位姓刘的举人见丁士美衣着寒酸，就讥讽道："瞧你那穷酸样，癞蛤蟆想吃天鹅肉，你要是能中进士，我刘举人就从你胯下钻过去。"

丁士美知道对方是个狂妄的人，不愿意和他多费口舌，没说什么，只是笑了笑。刘举人见他不说话，以为他胆小不敢还嘴，于是就更加放肆地嘲弄他。

丁士美从小家境贫寒，十年寒窗苦读，是个才华横溢的书生。只是他性格内向，不喜欢当众表现自己。在三月初考试时，丁士美的文章被选为"十佳"文章之一，这十篇文章被送到皇上那里去审阅。皇上觉得都很好，很难定胜负，于是就把这十个人一起召到金殿上，进行面试。

丁士美声音浑厚，口才出众，当着皇上和文武百官的面滔滔不绝地讲他的治国良策。皇上听后龙颜大悦，当场就把丁士美点为状元。

而那姓刘的举人，虽然在那一年也考中了进士，可当他看见丁士美中

了状元，想起当初自己狂妄的举动，既羞愧又害怕。羞的是当时的狂傲，怕的是丁士美伺机报复。于是他请同窗好友作陪，找丁士美赔礼道歉。

丁士美很客气地接待了他。当姓刘的进士向丁士美赔礼道歉并隐隐表露出内心的不安时，丁士美明确表示请他放心，自己不会记恨他，更不会因此为难他。

那个姓刘的进士回去后，发现丁士美说话算数，确实没有为难过他。因此他十分敬佩状元丁士美的为人，决定履行当初的诺言。

后来，这位姓刘的进士被派到清河县任知县。上任后，他立即让人在衙门口修了一座“状元楼”，意思是状元住在上面，我出入衙门都要从状元身下经过。这也算是履行了当初的诺言。

刘某当初虽然高傲自大，但他悔悟后及时改正，这也是一种难能可贵的品格。

晋文公封山

晋文公（公元前 697 年—公元前 628 年），名重耳，是晋献公的儿子、晋国国君。

晋文公元年（公元前636年）春，秦军护送在外逃亡十九年的重耳归国即位。走到黄河边上，跟随重耳多年的大臣咎犯担心回国后受到疏远，便向重耳请求道："臣跟随您奔走于天下，过错颇多，这一点臣自己非常清楚。请准许我就此离去。"重耳安慰他道："我在河伯面前发誓，归国后一定与您同甘共苦！"说完把玉璧投入河中，与咎犯订立了盟约。大臣介子推在旁边看了，低声说道："上天开恩，所以公子兴盛。而咎犯怕日后被公子疏远，采用可耻的言语来取得文公的信任，真是令人唾弃！我不愿和这种人共事。"于是便有了归隐之心。

重耳回国后，对跟随自己逃亡的人以及立下功绩的人根据功劳的大小予以奖赏。

介子推在家里对母亲说："君主归国即位，实际上是上苍的福佑，而那几个跟随君主的人把功劳归为自己，这不明明是欺骗吗？窃取别人钱财的，尚且被称为盗贼，更不用说贪图功劳据为己有的了。做臣子的虚报功劳，做君主的赏赐奸佞，上下相互欺骗，我和这些人实难共处啊！"

听到这儿，他母亲说道："你跟随君主多年，也是有功之臣，为什么自己不去要求奖赏？"介子推则说："明知他们是错的，自己又去效仿他们，岂不是错上加错？何况我已口出怨言，决不再取用俸禄。"

母亲又劝介子推去说明真相，介子推答道："语言是修饰表现自身的，连自身都要归隐了，何必再去修饰表现呢？如果再去修饰表现，就无异于希求显达了。"于是，母子二人一同归隐，至死再也没有露面。

介子推以前的随从很同情他的处境，就写了一幅字挂在宫门上。这幅字的内容

是："龙欲上天，五蛇为辅；龙已升云，四蛇各入其宇；一蛇独怨，终不见处所。"

文公重耳出宫门时，看到了这幅字，便说道："这说的是介子推啊！我只顾考虑周襄王的事情，却忘记了给他行赏。"于是，他便派人去找介子推。这时，介子推已经离去。他又派人四处打听介子推的去处，听说他已隐居于绵山（今山西介休东南）中。文公没有办法找到他，就把周围环绕绵山的土地封给了介子推，称之为"介山"，并说道："记吾过，且旌善人。"

介子推因不愿与虚报功劳以求封赏的奸佞同朝为官，隐居起来，而且至死不出，以死诠释了"诚"字。而晋文公因忙于国事，一时疏忽，忘了封赏介子推，虽无较大过错，但他并没忘了"同甘共苦"的诺言，在找不到介子推的情况下，"封山""记过旌善人"，不也体现了一个"信"字吗？

诚信是中华民族五千年文明的瑰宝和传统美德。我们不仅要学会诚实守信，还要不断继承，使其发扬光大。

知识链接

据说后来晋文公亲自到绵山恭请介子推，介子推不愿为官，躲藏在山里。文公手下放火焚山，原意是想逼介子推露面，结果介子推抱着母亲被烧死在一棵大树下。为了纪念这位忠臣义士，于是后人在介子推死难之日不生火做饭，要吃冷食，称为"寒食节"（一般是在冬至节后的第 105 天，现在山西大部分地区是在清明节前一天过寒食节）。

动动手

请同学们积极查阅资料，说说如今在寒食节这一天，家里都有什么习俗？

起码的道德要求

知识点

古往今来，诚信一直是为人处世的基础，是做人的根本和起码的道德要求。

“诚”，是儒家为人之道的中心思想，立身处世，当以诚信为本。宋代理学家朱熹认为：“诚者，真实无妄之谓”，“诚”是一种基本道德体现。

卓公行千里赴约

卓恕，字公行，浙江上虞人，他为人笃实讲信义。有一次，卓公行从建业回会稽（今浙江绍兴）探家，去向太傅诸葛恪告辞，诸葛恪问道：“你什么时候返回呢？”卓公行回答说：“××日当再来亲自拜见。”

到了那天，诸葛恪做东宴请一些宾客，不停地添酒加菜，以等候卓公行。当时，赴宴的宾客都认为，从会稽到建业相去千余里，路途之上又有风险，卓公行肯定不能准时到达。诸葛恪却坚持要等，因为他知道卓公行是一个诚信君子。不一会儿，卓公行果然到了，在座的人都感到很惊诧。

诚实守信，践诺履约，“言必信，行必果”，是中华民族的传统美德。我们都应该做一个像卓公行那

样的笃实守信之人。

中国是一个有着几千年文化和历史底蕴的文明古国。诚信是古代先哲们留给我们的可贵的精神财富。孟子曰："诚者，天之道也；思诚者，人之道也。"《旧唐书》里说："君之所保，惟在于诚信。"《尚书》里写道："信用昭明于天下。"《诗经》里面有一句非常有名的成语叫"信誓旦旦"。对"信"的提倡和崇拜，几千年来一直植根于中华民族的思想文化沃土中。

"立木成信"与"烽火戏诸侯"

春秋战国时期，秦国的商鞅在秦孝公的支持下主持变法。当时处于战争频繁、人心惶惶之际，为了树立威信，推进改革，商鞅下令在都城南门外立一根三丈高的木桩，并当众许下诺言：谁要是能把这根木桩搬到北门，赏金十两。围观的人都不相信轻而易举就能得到这么高的赏赐，没人肯出手一试。于是，商鞅又将赏金提高到五十两。终于，有人站出来将木头扛到了北门，商鞅立即下令给了他赏金。商鞅的这一举动，在百姓心中树立起了威信，因此，商鞅变法很快就在秦国推广开了。新法使得秦国渐渐强盛，为以后统一中国奠定了基础。这就是商鞅"立木为信"的故事。

同样在商鞅"立木为信"的地方，却曾发生过一场令人啼笑皆非的"烽火戏诸侯"的闹剧。

西周时期的周幽王有个

宠妃叫褒姒，长得美如天仙却从来不笑。为博褒姒一笑，周幽王下令在都城附近的20多座烽火台上点起烽火（烽火是边关报警的信号，只有在外敌入侵需召诸侯来救援的时候才能点燃）。诸侯们见到烽火，率领兵将们匆匆赶到。褒姒看到平日威风凛凛的诸侯们手足无措的样子，忍不住哈哈大笑。大家弄明白这是君王为博美人一笑的恶作剧后都愤然离去。五年后，西夷太戎大举攻周，周幽王再次下令点燃烽火，然而上过当的诸侯们却一个也不来了。最终，周幽王被逼自刎，西周灭亡。

一个是“立木取信”，一诺千金，终于变法成功，使得国力强盛；一个是“烽火戏诸侯”，拿信用当儿戏，落得个国破家亡的可悲下场。可见，“诚信”不但是个人的美德，而且对一个国家的兴衰存亡都起着非常重要的作用。

知识链接

商鞅变法是指战国时期秦国的秦孝公即位以后，决心图强改革，便下令招贤。商鞅自魏国入秦，提出了废井田、重农桑、奖军功、实行统一度量衡和郡县制等一整套变法措施，使得秦国后来逐渐成为当时最富强的国家。但商鞅最终因变法触犯了封建贵族的利益而被处以车裂极刑。

动动手

和几个好朋友一起，从喜欢的网站或书籍中收集一些有关诚信的成语故事，再写在卡片上。然后把每个人的卡片收集在一起，每人随机抽取一张卡片，给大家朗读或表演上面的小故事，请大家猜成语。

一个人的品质之本

知识点　诚实之人，不仅能得到他人的赞赏，更能获得心灵的慰藉与愉悦。

贝多芬曾说：我愿证明，凡是行为善良与高尚的人，定能因之而担当患难。可见品质的高尚对于一个人是多么重要，而作为品质的根基——诚信必不可少。

贫穷不平庸

在繁华的纽约，曾经发生了这样一件震撼人心的事情。

一个星期五的傍晚，一个贫穷的年轻艺人站在地铁站门口，专心致志地拉着他的小提琴。琴声优美动听，虽然人们都急急忙忙地赶着回家过周末，还是有很多人情不自禁地放慢了脚步，时不时会有人往年轻艺人跟前的礼帽里放一些钱。

第二天黄昏，年轻艺人像往常一样准时来到地铁门口，把他的礼帽摘下来很优雅地放在地上。和以往不同的是，这次他还从包里拿出一张大纸，很认真地铺在地上，四周还用自备的小石块压上。做完这一切以后，他调试好小提琴，又开始了演奏，声音似乎比以前更动听更悠扬。

不久，年轻的小提琴手周围站满了人，人们都被铺在地上的那张大纸上的字吸引住了，有的人还踮起脚尖看。上面写着："昨天傍晚，有一位叫乔治·桑的先生错将一件很重要的物品放在我的礼帽里，请您速来认领。"

人们看后议论纷纷，都想知道到底是什么物品，有人甚至还等在一边

想看个究竟。过了半小时左右，一位中年男人急急忙忙跑过来，拨开人群冲到小提琴手面前，由于激动，语无伦次胡乱说了一通。

此时年轻的小提琴手冷静地问："您是乔治·桑先生吗？"那人连忙点头。小提琴手又问："您遗落了什么东西吗？"

那位先生说："奖票、奖票。"小提琴手于是就从怀里掏出一张奖票，上面醒目地写着"乔治·桑"，小提琴手举着彩票问："是这个吗？"

乔治·桑迅速地点点头，抢过奖票吻了一下，然后又抱着小提琴手在地上疯狂地转了两圈。

原来，乔治·桑是一家公司的小职员，前些日子买了一张一家银行发行的奖票，昨天上午开奖，他中了50万美元的奖金。昨天下班，他心情很好，觉得音乐也特别美妙，于是就从钱包里掏出50美元，放在了礼帽里，可是不小心把奖票也扔了进去。小提琴手是一名艺术学院的学生，本来打算去维也纳进修，已经定好了机票，时间就在今天上午，可是他昨天整理东西时发现了这张价值50万美元的奖票，想到失主会来找，于是今天就退掉了机票，又准时来到这里。

后来，有人问小提琴手："你当时那么需要一笔学费，为了赚够学费，你不得不每天到地铁站拉提琴。那你为什么不把那50万元的奖票留下呢？"小提琴手说："虽然我没钱，但我活得很快乐；假如我没了诚信，我一天也不会快乐。”

贤德自在心中

春秋中叶晋国著名的大夫祁奚一生经历了六代晋侯，并在景公、厉公、悼公、平公四世国君当政时为大夫，有着丰富的为臣经验、治国谋略思想以及以国为重、大公无私的良好品德。以“内举不辟亲，外举不辟仇”，为国举荐贤臣良仕而饮誉天下，名垂青史。

祁奚所处的时代是大国争霸、挟天子以令诸侯的时代。当时，晋国朝政日趋腐败，整个国家危机日重。

此时，荒淫奢侈的晋厉公死于非命，晋悼公即位。悼公立志要复兴文公霸业，重振晋国国威。他重整吏治，调整百官，举贤用能。以贤良称著、无私饮誉的祁奚遂被推任为中军尉。三年之后，年逾半百的祁奚觉得自己年老力衰，精力不济，恐有负国家希冀，阻塞贤才仕途，便以年迈告老还乡，请求悼公另选良臣。

悼公见其言辞恳切，便准他告老并请他推荐继任者。于是，祁奚举荐了解狐。悼公遂问：“解狐不是与你有仇吗？”祁奚答道：“公是问我谁可以胜任此职，又没有问谁与我有仇。”

后来由于解狐死去，悼公请祁奚再行举荐。祁奚这次说：“祁午可以继任此职。”悼公问：“祁午不是你的儿子么？”祁奚坦然回答：“公让我推荐的是适合此职之人，又没有问谁是我的儿子！”过了不久，任中军尉辅佐之职的羊舌职死了。悼公又请祁奚举荐合适人选。祁奚举荐了羊舌职的儿子羊舌赤。最终，悼公对祁奚所荐之人统统予以录用。

祁奚向晋悼公举贤，论贤不论人，体现了他的正直与诚信，在悼公面前他敢于说真话，讲实话。这样的品质不正是我们青少年应该学习的吗？

知识链接

祁奚（公元前620年—公元前545年），姓姬名奚，字黄羊，春秋时晋国（今山西祁县）人，因食邑于祁（今祁县），遂为祁氏。他忠公体国，急公好义，誉满朝野，深受人们爱戴。盂县、祁县均设有祁大夫庙。

动动手

请同学们找找身边类似小提琴手和祁奚讲诚信的故事，与同学们一起分享吧！

做人的灯塔

知识点　诚信是做人的灯塔，世界各国都很重视孩子的诚信教育问题。

古今中外，诚信教育是每个家庭教导孩子的必备之课，不单中国的诚信教育历史悠久，国外的诚信教育也渊远流长。

马卡连柯的信任课

苏联教育家马卡连柯非常注重对孩子的信任，他认为，信任可以培养孩子的诚信。

有一次，马卡连柯派一个曾是小偷的学生去几十里外取一笔数额不小的钱。这位学生由于曾经是小偷，被同学视为另类，几乎没人与他来往，但他非常渴望得到信任。

接到马卡连柯的任务后，这位学生简直不敢相信这是真的，他问马卡连柯：“校长，如果我取

了钱不回来了，你会怎么办呀？”

马卡连柯平静地回答：“这怎么可能？我相信你是一个诚实的孩子。快去吧！”

当这位学生把钱交给马卡连柯的时候，他要求马卡连柯再数一遍。谁知，马卡连柯却说：“你数过了就行。”于是，随手把钱扔进了抽屉。

事后，这位学生是这样描述自己的心情的：“当走在路上时，我想要是有人来袭击我，我一定会尽我的全力去保护这些钱。”

来自老师和家长的信任常常在培养孩子的诚信方面起着重要的作用。感到被信任，因此要负起责任。马卡连柯就是运用信任的方法培养了这位学生诚信的品德。

爬行上班的校长

1998 年 11 月 9 日，美国犹他州土尔市的一位小学校长——42 岁的路克，在雪地里爬行 1.6 公里，历时 3 个小时去上班，受到路人和全校师生的热烈欢迎。

原来，学期伊始，为激励全校师生的读书热情，路克曾公开打赌：“如果你们在 11 月 9 日前读书 15 万页，我在那天爬行上班。”

全校师生使劲读书，连校办幼儿园大一点的孩子也参加了这一活动，终于在 11 月 9 日前读完了 15 万页书。有学生打电话给校长：“你爬不爬？说话算不算数？”也有人劝他：“你已达到激励学生读书的目的，不要爬了。”可路克坚定地说：“一诺千金，我一定爬着上班。”

路克于早晨 7 点离开家门，他没有驾车，而是四肢着地爬行上班。为了不影响交通，他选择在路边的草地上爬。过往汽车向他鸣笛致敬，有的学生索性和校长一起爬，新闻单位也前来采访。经过 3 小时的爬行，路克磨破了 5 副手套，护膝也磨破了，终于到了学校。全校师生夹道欢迎自己敬爱的校长。当路克从地上站起来时，孩子们蜂拥而上，抱他、吻他……

美国从幼儿园和小学起就重视对孩子的诚信教育。美国波士顿大学教育学院设计的基础教材突出了诚信方面的内容，并建议老师在班上组织讨论，并且要求学生制作诚信的标语在教室里张贴。

几年前，美国一所学校的多名学生在做生物作业时抄录了某网站提供的一些材料，任课教师毫不客气地给这些学生的生物课打了零分。这位教师说，第一天上课她就和学生订下协议。协议说，教师布置的所有作业都必须完全由学生独立完成，欺骗或剽窃将导致学习失败。

知识链接

社会诚信体系：社会诚信体系是一种以社会诚信制度为核心的维护经济活动、社会生活正常秩序和促进诚信的社会机制，是一项政府推动下全社会参与的社会系统工程。社会诚信体系由以下四个方面组成：社会诚信制度、信用管理和服务系统、社会信用活动、监督与惩戒机制。

动动手

你身边有关于诚信的小故事吗？

诚信能赢得尊重

知识点 诚信立身，诚信待人，方能赢得他人的信赖和尊重。

请同学们思考一下这个问题，什么样的人能被人们所尊重和钦佩呢？是学富五车，还是腰缠万贯？或是……？别急！相信读了下面的故事你能得到想要的答案。

李离错判伏剑

李离是春秋时期晋国的理官（掌管刑狱的），素以断案公正闻名。

一次，李离的下属办案时贪赃枉法，李离失察，判了一个人死刑。待此人被处死后，李离才幡然醒悟过来，但已铸成大错。他一方面严厉地处罚了下属，一方面缉拿真凶。

此案结案后，李离痛苦不堪，终日食不甘味。他给自己戴上枷锁，进宫去见晋文公。

晋文公见李离戴着枷锁进殿，惊疑地问："发生了什么事，让你这个样子来见我？"李离跪下说："我有违大王的信任，身为理官，却错杀了好人。我请求大王依法将我处死，为枉死者偿命。"

李离将误判错杀的经过如实禀告了晋文公。晋文公听后，长嘘一声说："原来是错判了一个案子。你不要自责，凡事处理的过程中总会有失当之处，这就像任用官吏，虽然公允地衡量过每个人的才能，但任命职位时仍难免有偏高偏低的情况出现，何况这次错判主要是你属下的问题，并不是你的罪过。"

李离丝毫不因晋文公为自己的罪过开脱而沾沾自喜，他继续说："在掌管刑狱的官员中我的职位最高，却从来没有把自己的位置让给属下；我享受的国家俸禄最多，也从来没有将俸禄分给属下。现在我错判案子，枉杀了好人，反而把罪责推给属下，这是没有道理的。"

晋文公越发钦佩李离，可表面上却怒形于色。他斥问李离："你认为自己有罪，可你这个官是我任命的，那么我也有用人不当之罪了？如果你受处罚，那么我该怎么办？"

为了维护国家法律的尊严，李离说道："国家的法令早已明文规定，执法的官吏给犯人错施了什么刑，自己就要受什么刑；错杀了好人，就应被处死。大王是认为我能够秉公执法，才任命我掌管刑狱，可现在我辜负了您的信任，听信诬告，枉杀好人，依法应该被处死。既然您不忍心下令处死我，就请允许我自己执行吧。"李离说完，拔剑自刎而死。

执法如山是令人钦佩的，李离因自己违法以自我处决的方式来维护国法的权威和尊严，更令人敬佩。

孙武斩姬演兵

孙武，字长卿，春秋末期齐国人，著名的军事家。

春秋末期，出生于齐国贵族的孙武流亡到了南方的吴国。吴王阖闾为了争夺霸主地位，迫切需要拜请一位能够领兵作战的将军。恰在这时，他得到了孙武写的《兵法》十三篇，读完之后十分欣赏，于是派人把孙武请进王宫。

阖闾说："你的十三篇兵法，我都看过了，可以用来试着操练一下吗？"孙武回答说："可以。"阖闾又问："妇人可以试试吗？"孙武又回答道："可以。"于是吴王派出宫中美女一百八十人。孙武把她们分为两队，任命吴王宠爱的两个妃子为队长，再令所有的人都拿着戟。然后，孙武下令说："你们知道你们的心、背和左右手吗？"大家回答说："知道。"孙武说："我说向前，就看心所对的方向；向左，看左手方向；向右，看右手方向；向后，就看背的方向。"妇人说："是。"这时，孙武命人击鼓，并传令让她们向右看，宫女们放声大笑。孙武说："律不明确，申述的命令不能让人熟记在心，这是将帅的罪过。"于是又三番五次地宣讲纪律命令，而后击鼓传令向右，只见宫女们仍旧大笑不止。

孙武说："律不明确，申述的命令不能让人熟记在心，是将帅的罪过；

既然已经明确了却不依照法令去做，这就是下级士官的罪过了。”说着就欲将左右两个队长推出斩首。吴王从台上看到自己的两个爱妃将被斩首，大为惊骇，赶忙派遣使者传令说：“我已经知道将军您能用兵了。我如果没有这两个妃子，吃东西都没有味道，希望不要斩杀她们。”孙武说：“我既然已经受命为将，将在外，君命有所不受。”说完就把两个队长斩首示众。接着任用其他人为队长，重新击鼓发令。这次，宫女们的动作都符合军令要求，没有再敢出声嬉笑的了。接着孙武派遣使者报告吴王说：“队伍已经操练整齐，大王您可以下来校阅，只要是您想要用到她们的地方，即使要她们赴汤蹈火也是可以的。”吴王说：“算了，回屋吧，我不想下去看。”孙武说：“大王您这仅是喜好兵法，并不能把它们用到实处。”

通过这次演练，孙武显示出了他的治军才能。吴王阖闾尽管心疼他的宠姬，但更庆幸发现了一位有气魄和胆识的将才。于是，他任命孙武为大将军。

孙武执法如山，树立了军法的威严，这是他重要的治军之道，也是他的做人之本。

知识链接

孙武（约公元前 535 －？），字长卿，汉族，中国春秋时期齐国乐安人，著名军事家，曾率领吴国军队大破楚国军队，占领了楚的国都郢城。其巨作《孙子兵法》为后世兵法家所推崇，被誉为“兵学圣典”，置于《武经七书》之首，被译为英文、法文、德文、日文，成为国际上最著名的兵学典范之书。

动动手

孙武斩姬演兵的故事很生动，试着在班上把它排演一下。

基本的价值观

知识点 诚信作为一种基本的价值观和道德观，对我们实现人生价值具有导向作用。

人们常说的世界观、人生观、价值观到底是什么呢？其实从某种意义上来讲三者是统一的：有什么样的世界观就有什么样的人生观，有什么样的人生观就有什么样的价值观。树立一个正确的价值观是我们所推崇和期望的。

晏殊立信

北宋词人晏殊素以诚信著称。在他十四岁时，有人把他作为神童举荐给宋真宗。宋真宗召见了他，并要他与一千多名进士同时参加考试。晏殊看了题目后，知道这是自己平时练习过的题目，心想：如果这样做了，自己一定是状元了，但不能显示出自己的真才实学。所以他对考官说："考官大人，这是我平时练习过的题目，我已经写得非常好了。要是这样，就不能把我的知识和本领显示出来，所以我要求换题目。"

考官听了，非常吃惊地说："既然这是你练习过的题目，你应该好好珍惜才

对。可是你这么说，我只好启奏皇上，再行定夺。”

皇上知道了，也很吃惊，就对晏殊说：“如果换题，你要是写不好，那你不后悔吗？”晏殊说：“假如我考不好，那只能怪我知识太浅薄，本领太低，我无话可说，不会后悔的。”皇上听了晏殊的一番话，被他诚实的精神感动了，“赐同进士出身”。

后来的晏殊官至刑部侍郎。当时正值天下太平，京城的大小官员经常到郊外游玩或在城内的酒楼茶馆举行各种宴会。晏殊家贫，无钱出去吃喝玩乐，只好在家中和兄弟们读写文章。有一天，宋真宗提升晏殊为辅佐太子读书的东宫官。大臣们十分惊讶，不明白皇上为何做出这样的决定。宋真宗说：“近来群臣经常游玩饮宴，只有晏殊闭门读书，如此自重谨慎，正是东宫官的合适人选。”

晏殊去向皇帝谢恩时，皇帝又赞扬他能闭门苦读，晏殊却诚实地说：“我不是不想去宴饮游乐，是因为家贫无钱，才不去参加。我有愧于皇上的夸奖。”

这两件事，使晏殊在群臣面前树立起了威望，宋真宗也更加信任他。后来，晏殊平步青云，官至宰相。

宋濂“以诚立身”

明朝开国文臣宋濂小时候喜欢读书，但是家里很穷，没钱买书，只好向别人借。每次借书，他都讲好期限，按时归还，从不违约，人们都乐意把书借给他。

一次，宋濂借到一本书，越读越爱不释手，便决定把它抄下来。可是还书的期限快到了，他只好连夜抄书。时值隆冬腊月，滴水成冰。宋濂的母亲说：“孩子，都半夜了，那么寒冷，天亮了再抄吧。人家又不是等着看这书。”宋濂说：“不管人家等不等这本书看，到期限就要还，这是信用问题，也是尊重别人的表现。如果说话做事不讲信用，失信于人，怎么可能得到别人的尊重？”

又有一次，宋濂要去远方向一位学者请教，并约好见面日期，谁知

出发那天下起鹅毛大雪。当宋濂挑起行李准备上路时，母亲惊讶地说："这样的天气怎能出远门呢？再说，那个地方早已经大雪封山了。"宋濂则说："今天不出发就会误了拜师的日子，这就失约了；失约，就是对老师不尊重。风雪再大，我都得上路。"

当宋濂赶到老师家里时，老师感动地称赞他说："年轻人，守信好学，将来必有大出息！"

后来宋濂做了朝中大臣，一天他与客人饮酒，疑心重重的明太祖暗中派人去侦察。第二天，明太祖问宋濂昨天饮酒没有，座中的来客是谁，饭菜是什么。宋濂都以实话相告。明太祖笑着说："确实如此，你没有欺骗我。"于是赏赐了宋濂，宋濂也因此得到明太祖的信任和器重。

一个人最终受人尊重的程度不取决于职位的高低，不取决于财富的多寡，而是取决于他的诚信与否。诚信，实质上是对自己的尊重和爱护。

知识链接

宋濂与刘基均以散文创作闻名，并称为"一代之宗"。宋濂的散文质朴简洁，雍容典雅，各有特色。他推崇台阁文学，文风淳厚飘逸，为其后"台阁体"作家的文学创作提供了范本。其作品大部分被合刻为《宋学士全集》(亦称《宋文宪公全集》或《宋学士文集》) 七十五卷。

动动手

你认为人生的价值是什么？实现人生价值又需要哪些条件？

道德修养的体现

知识点

诚信是一个人的立身之本，同时也是自我道德修养的良好体现。

诚信作为公民道德规范之一，诚实、不欺骗、遵守诺言是其最基本的内涵。它是最重要的品德之一，是一个社会赖以生存和发展的重要条件。

石奢以身殉法

春秋时期，楚国有个大臣名叫石奢。一天，石奢奉命巡视全国。临行前，楚昭王对他说：“你已经很久没有回家乡看看了，这次可以顺路回去看看，与家人小聚几天。”

石奢回到村口时，忽听不远处的树林里传来争吵和呼救的声音。他便急忙奔了过去，并看见一个人将另外一人杀死了。

石奢一个箭步蹿上去，紧紧地抓住那个杀人凶犯，却顿时呆住了。原来这人是他的父亲。石奢牢牢地抓住父亲的领口，非常气愤地说：“你怎么能够随便杀人呢？这可是犯死罪的呀！”石奢的父亲一看是自己的儿子，松了口气说道：“这事只有天知地知、你知我知；只要你不说，就不会有人知道。如果你还是我的儿子，就放我走吧！”

此时的石奢内心异常矛盾，痛苦不堪。不知不觉，他的手渐渐地松开了。于是，他的父亲乘机奔逃而去。

石奢再也没有探乡的兴致了。他日夜兼程地返回都城，把路上遇见父亲杀人和任由父亲逃走的事情原原本本地告诉了楚昭王。

他说：“杀人凶犯是我的父亲，如果我把他抓住并且判了他死刑，是

违背孝道的，所以我不忍心这么做，但是把父亲放走了，就犯了包庇杀人凶犯的大罪。我作为大臣，知法犯法，请大王判处我死刑！”

楚昭王是位非常爱才的君王。他觉得石奢年轻有为，廉洁公正，办事井井有条，实在是国家的栋梁之才。现在出了这种事，如按照法律把他处死，真是可惜了。

他想了一阵，开口说：“在这件事情上，你并没有责任，因为并不是你故意放走了杀人犯，而是他自己趁机逃走的。我就不再追究这件事了，你就继续安心料理政事吧！”

不料，石奢却说：“大王的恩典，我非常感激。但对我来讲，不偏袒自己的父亲，就不是孝子；不按国家的法律办事，就不是忠臣。我做了孝子，却违背了国法。因此，即使大王赦免了我，我当臣子的也有责任维护国家法律的尊严。”

石奢说完，就向楚昭王拜谢告辞。可是他一走出宫门，就拔剑刎颈而死。楚昭王和众官员都为楚国失去了这样一位奉公守法的优秀人才而感到惋惜。

石奢用生命捍卫了国法的威严和诚信的珍贵。

宋江看瓜

宋江是北宋时期农民起义军的领袖。宋江为人诚实正直，心地善良。

有一年，宋江的父亲种了几亩瓜田。中午，父亲回家吃饭，宋江就一个人在瓜园里看瓜。这时一个要饭的老爷爷领着一个五六岁的小孩，从宋家的瓜地旁边走过。小孩哭闹着要吃西瓜，老爷爷怎么哄都不行。

宋江见小孩可怜，就想送一个西瓜给老爷爷。可是他远远地看到父亲正朝瓜地走来，怕父亲不同意，伸到瓜蒂上的手又缩了回来。小孩看到宋江把手又缩了回来，就哭得更厉害了，声音干涩嘶哑，显然是很久没喝过水了。宋江听到小孩的哭声，心一下子又软了下来，心想，我得赶快想一个既让小孩吃到瓜又不让父亲生气的方法。可是越着急越想不出来，急得宋江直跺脚。这一跺脚，父亲给他看瓜的"赏钱"发出了"当啷当啷"的响声。于是，宋江来到祖孙俩面前，大声说："小孩儿要吃瓜？什么？白给？那可不行，种瓜可是有本钱的，你们身上要是有钱的话，我便宜给你一个。只有十文钱？看这小孩子可怜，我就卖给你一个小的吧！你等着，我去摘。"

宋江的话都是说给父亲听的。其实老头儿一文钱也没有，他两眼望着宋江，越听越糊涂，张了张嘴还想和宋江说些什么。可是宋江早已跑过去摘了一个又大又熟的西瓜，小声对老爷爷说："西瓜送给你了，赶快走吧！"

老爷爷哪里肯走，拉着小孙子就跪下来，给宋江磕了好几个头，嘴里还不停说"谢谢"。这下宋江可急了，赶紧把他扶起来，推他走。父亲走过来问道："你在演什么戏呀？"

宋江心慌，结结巴巴地说："我……我……卖了个西瓜。"说完，指了指身上的那串钱。父亲说："那就好，我还以为你把西瓜白送别人了呢！"

宋江一下子脸红了，说：

“父亲，我和你撒了谎，我是把西瓜白送给了那位老爷爷。”父亲轻轻地拍了拍宋江的肩，说：“你真是个诚实善良的孩子。其实我已经知道了，只是试探一下你而已。”

知识链接

宋江是中国古典小说《水浒传》中的主要人物之一。梁山一百单八将之首，人称“孝义黑三郎”“及时雨”“呼保义”。原本是郓城县押司，后加入梁山，在“托塔天王”晁盖阵亡后成为梁山的首领，极力主张接受朝廷的招安，并在被招安后率领梁山兄弟们先后攻打辽国以及田虎、王庆和方腊率领的起义军，回朝后不久被奸臣高俅等人用毒酒害死。

动动手

和你的同学们一起，选择一则诚信小故事排演一场课本剧。

言必信，行必果

知识点　守住诚信，不因为利益而摒弃信念，不因为畏惧而忘记承诺。诚信就是“言必信，行必果”。

《论语·子路》中告诫我们：“言必信，行必果”。意思是说了就一定守信用，做了一定办到。只说不做是不讲信用的人，更是缺乏基本素质的表现。

诚信比生命更重要

16 世纪末，有一名叫巴伦支的荷兰船长负责从荷兰运送一批货物到亚洲。双方签订了协议，旨在把货物完好无损地送达目的地。为了避开激烈的海上贸易竞争，巴伦支船长决定开辟一条从荷兰往北到达亚洲的新航线运送货物。

他带领 17 名船员路过地球上最寒冷的北极圈三文亚时，发现自己航行在海面的浮冰里，这时他们才意识到危险迫在眉睫，然而为时已晚，经过艰苦的努力之后，前行和返航都已经不可能，只好把船停靠在

岛屿旁边。

巴伦支船长和水手就在这孤立无援的条件下在荒岛上度过了漫长的 8 个月的寒冬。他们拆掉了船上的甲板作燃料，靠打猎来获得勉强维持生存的食物。在恶劣的险境中，有 8 人相继死去了。

但巴伦支船长和剩下的水手却做了一件令人难以想象的事情：丝毫未动别人委托给他们运送的货物，而这些货物中就有可以挽救他们生命的衣物和药品。后来，幸存下来的 9 人终于把货物完好无损地送到了委托人手中。

他们的做法震动了整个欧洲，也给荷兰带来显而易见的好处，那就是赢得了海运贸易的世界市场。巴伦支船长和他的 17 名水手用生命作赌注，守住了诚实的信念。

齐襄公食言自缚

春秋时期周庄王九年，齐国联合宋、鲁、陈、蔡四个诸侯国攻打卫国。卫国被攻陷后，齐国诸侯齐襄公担心周王会派兵来讨伐，就派大夫连称为将军、管至父为副将，统领兵马在葵邱戍守。二位将军临行前请示齐襄公道：“戍守边疆虽然劳苦，但是为臣不敢推辞，只是我们去驻守得有个期限，主公以什么为期限呢？”当时，齐襄公正在吃瓜，就随口应付说：“现在正是瓜熟时节，等到明年瓜再成熟的时候，朕会派遣别人替代你们的。”

二位将军于是带兵前往葵邱驻扎。不知不觉间一年光景过去了。由于军务繁忙，二位将军把临行前和齐襄公的约定也渐渐地忘记了。忽然有一天，手下的兵卒向二位将军进献刚成熟的瓜让他们尝鲜，这时二位将军才想起和主公之间的瓜熟之约，思乡之情油然而生，心里禁不住犯起了嘀咕：此时正该换防，为什么主公还不派人来替代我们呢？于是特地差遣心腹前往国都打探情况，得知主公与他的同父异母的妹妹文姜整天在一起寻欢作乐，不理朝政。二位将军很气愤：“你在国都享尽人间荣华富贵，骄奢淫逸，我们在边疆吃苦受累，用生命保护你的安全，你却想不到派人来替代我们！”于是，就派人向齐襄公献上刚成熟的瓜，希望主公看到这成熟的瓜能想起他们临行前的约定，派人替代他们驻守边防。齐襄公看到瓜

时大怒，说："替代不替代应该是我说了算，为何还要来请求啊！等到明年瓜再熟时方可派人去替代你们！"

二位将军听了回报，气得咬牙切齿，当即密谋起兵造反。随后便暗地里与公孙无知联合，杀死了齐襄公，拥立公孙无知为新的国君。

知识链接

生命不可能从谎言中开出灿烂的鲜花。

——海涅

当信用消失的时候，肉体就没有生命。

——大仲马

动动手

玩击鼓传花的游戏，点到的那个同学给大家说一句关于诚信的名言警句。

诚之始，人之美

知识点

只有养成诚实守信的良好作风，以诚为始，方可展现人之华美。

人性之美在于人心之美，人心之美在于品德之美，一个诚实守信的人不正是一个美丽之人吗?

风雪步行见可汗

唐中宗神龙二年（公元706年）的冬天，安西大都护郭震准备去拜访西突厥的可汗乌质勒。这次会见是郭震第一次以朝廷封疆大使的身份与可汗见面，因此具有特殊的意义。郭震准备送给可汗一份厚礼，让对方感受到自己的诚意。

有人建议送贵重的金银珠宝，但郭震认为这样不妥。他解释说："乌质勒贵为西突厥的首领，并不缺少这些东西。我们送多了，会让他误以为我们自恃富贵，瞧不起他；送少了，又会让他认为我们轻视他。"

经过一番思量，最后郭震想出了一个好主意。他说："不如我们步行几百里路去他那里。乌质勒一向重情义，我们这么不辞劳苦去拜访他，最能表达我们的诚意了。这样的'礼物'不是比任何别的东西都珍贵吗？"

就这样，郭震安步当车，带领随从出发了。没走多远，原本晴朗的天突然刮起了大风，紧接着，鹅毛大雪纷纷扬扬地飘落下来。不一会儿，漫山遍野白茫茫的一片。

雪越下越大、越积越厚，狂风刮得人东倒西歪。郭震一行人顶着风雪，深一脚、浅一脚地艰难行进着。每前进一步，都要比平时多付出几倍的力气。这时有部下提议说：“雪下得太大了，我们不如改日等天晴了再去吧。”

郭震断然否决道：“不行！我们已经和可汗约定了时间，怎么可以因为一点困难就背信失约呢？如果连这么一件小事都不讲信义，又怎么能让对方相信我们呢？无论如何我们都要赶到那里！”于是，他们翻山越岭，咬紧牙关克服重重困难，终于在约定日子的傍晚时分到达了可汗的驻地。

乌质勒已经在帐篷外面等候多时了。看着漫天的大雪和越来越黑的天，他想郭震可能不会来了。这时，身边的人忽然喊道：“可汗！您看，那边走来了几个人，会不会就是唐朝的使臣？”

乌质勒仔细望去，见那几个人走得很慢，看样子已经疲惫不堪。他想，肯定是唐朝使臣。于是，乌质勒急忙迎上前去。走到跟前，才发现他们一个个像雪人似的，眉毛、胡子上都结了冰。

郭震一边行礼，一边致歉说：“可汗，让您久等了！雪太大，路上不好走，我们来晚了！”乌质勒连连摆手，激动地说：“今天你们能来，是我最大的荣耀。早就听说您讲信义，真是百闻不如一见！大唐有您这样的人才，是大唐之幸啊！我愿意和您这样的人交朋友。”

郭震的诚意深深地感动了可汗，换来了大唐和西突厥日后的友好和亲密。

刘若宰不隐祖籍

刘若宰，明朝人，祖籍山东水泊梁山。他很有学问，在读书人中威望也很高，可是一连几次科举考试都名落孙山。但他仍不灰心，一次又一次地参加了科举考试。

明朝天启五年（公元1625年），刘若宰又参加了那一年的科举考试，这已经是他第五次参加科举考试了。在笔试中，他发挥得很好，被主考官选出来参加熹宗皇帝亲自主持的面试。

由于刘若宰经常和一些当时很有声望的文化名人交往，见过世面，于是在熹宗皇帝面前一点儿都不怯场。熹宗皇帝一连提了几个问题，他都对答如流，而且声音浑厚清晰。熹宗皇帝听了非常高兴，于是就又随口问了一句："你的祖籍是哪里？"

刘若宰心里很清楚皇帝最忌讳起义军，倘若对皇帝说了实话，皇帝肯定会不高兴的，自己今年可能又会落榜。

可是刘若宰又一想，"我怎么能不承认自己的祖籍呢？这可是不孝，何况我又不能说谎啊！"于是，他挺起胸膛说："回陛下，小民祖籍水泊梁山。"

熹宗皇帝一听，脸上的笑容立刻就消失了，严肃地问："你从小就住在水泊梁山吗？"

刘若宰知道熹宗皇帝已经不高兴了，依然如实回答："小民的祖父和曾祖父住在梁山，到了我父亲时就搬到江苏去了，我是在江苏出生长大的，从来没有去过梁山。"

面试就这样结束了，刘若宰知道自己不可能被选为状元了。

第二天，揭榜了，第一名是一个远远比不上他的叫余煌的人。他从第二名开始看，到最后一名也没看到自己的名字。虽然这件事对刘若宰打击很大，但他还是决定参加三年以后举行的另一次殿试。

崇祯元年（公元 1628 年），熹宗皇帝驾崩，思宗皇帝即位。在那一年的科举考试中，刘若宰中了状元，终于如愿以偿。

如果当时刘若宰说一个小谎，可能那年的状元就是他了。但他在诚实与状元之间，毅然选择了诚实，这是多么难能可贵啊！

知识链接

可汗，又称大汗，原意是“王朝、神灵和上天”，是阿尔泰语系民族对首领的尊称，最早出现于 3 世纪鲜卑部落，记载于《宋书》，类似于天子；古代北亚阿尔泰语系游牧民族鲜卑、回纥、柔然、吐谷浑、铁勒、女真等建立的汗国，其君主或政治首领皆称作可汗。

动动手

请同学们分享一下身边诚实不说谎的故事。

诚信的美丽

知识点

诚信是一朵花，人们因拥有它而绽放人格之美；诚信又是一片绿叶，人们因它的衬托而焕发美丽之光。

诚信能反映一个人的道德修养；诚信是人与人之间沟通的桥梁。诚信之美，美在言语，更美在行动。

张去华烧契约

张去华，北宋人。建隆二年（公元961年），他在科举考试中被宋太祖赵匡胤亲自点为状元。可是，由于他为人正直，不善于巴结奉承别人，一直得不到提拔。

在一次出游的路上，宋太祖问起他的父亲。当得知张去华的父亲因为得罪权贵而被贬官，却始终教导张去华要正直做人、为国效力时，宋太祖深受触动欲提拔张去华。不久，张去华被任命为道州通判（负责办案的官）。

在道州履任期间，张去华偶然间看中了一座房子。这座房子前后花木掩映，还有一个很大的莲花池，是一个饮酒吟诗的好地方，当即决定把它买下来。

张去华在这座房子里宴请朋友，赏月吟诗，生活得非常舒心。一天夜里，他见月色很好，于是走到后院，在莲花池旁赏月。忽然，他听见院墙外有人在哭泣，像是一个妇人的哭声，而且声音非常悲切。张去华心想，一个妇人夜间悲泣，肯定是有什么伤心事，说不定自己可以帮帮她，一边想一边推开后院的便门走了出去。

张去华看见一个老妇人正倚墙掩面哭泣。他走上前去询问道：“老婆婆，您有什么伤心的事，跟我说说，说不定我可以帮您想想办法。”

老妇人伤心地说：“唉，都是我那不争气的儿子。”然后擦擦眼泪继续说：“这房子原来是我家的祖宅，祖辈相传已经一百多年了。可是，我那混账儿子游手好闲，不务正业，整天在外面吃喝玩乐，把我丈夫遗留下来的钱财都挥霍一空。前两天，他又赌输了五百两银子，不得不变卖祖宅还债。可是，我在这宅子里住了几十年，眼下快入土了，却又搬了出去，心里难过，就从乡下回来看看。”

张去华想了想说：“这宅子是我买的，您不要再伤心了，稍后我就把房子还给您。现在天色已晚，您今夜就在这里暂住一晚吧！”老太太以为张去华是在安慰她，没有把还房子的事当真，但是她很想在这里再住一夜，于是就点头答应了。

第二天一早，张去华就派人把老太太的儿子叫来，命令他马上改掉吃喝玩乐的坏毛病，重新做人，靠劳动挣钱，好好奉养母亲；如果能够做到这一切，就把买房子时签的契约烧掉，把房子还给他们母子。

老太太的儿子很是后悔，决心改掉自己的坏毛病，靠劳动赡养母亲。不久，张去华就拿出契约，按照当初的约定，当着母子俩的面把契约烧了，自己搬出了那所宅院。

张去华不仅诚信做人，而且清廉为官，在道州任职期间凭借机智和才华处理了很多案子，深受百姓们的好评。

王拱辰中状元

王拱辰是宋朝人，自幼家境贫寒，父亲在他很小的时候就去世了，留下无依无靠的母亲和四个孩子。由于是家中长子，他便和母亲一起挑起家庭的重担。王拱辰孝顺母亲，生活俭朴，诚实守信，常受乡里人夸奖。他喜欢读书，而且非常刻苦，经常是天不亮就起床，甚至是半夜醒来也要翻翻书。

王拱辰通过多年的努力，到 20 岁的时候，已能写一手好文章，不久他参加了乡试和会试，成绩都很优秀。公元 1030 年，他到京城参加宋仁宗亲自主持的殿试。宋仁宗审阅了每一个考生的考卷后，发现王拱辰的文章立论新颖、见解独到、文笔流畅，没有人比得上他，于是将他定为状元。

第二天，宋仁宗把考中前三名的书生都召集到大殿上，在早朝上当着文武百官的面宣告。其他两个书生都赶紧跪下磕头谢恩，但王拱辰没有，说道:“陛下，小生不配当状元，请您把状元的头衔送给别人吧！”

金殿上的人都议论纷纷，科举考试已有四五百年的历史了，从未听说有人把到手的状元往外推，这可真是天下奇闻。

宋仁宗听了也很纳闷，就询问原因。

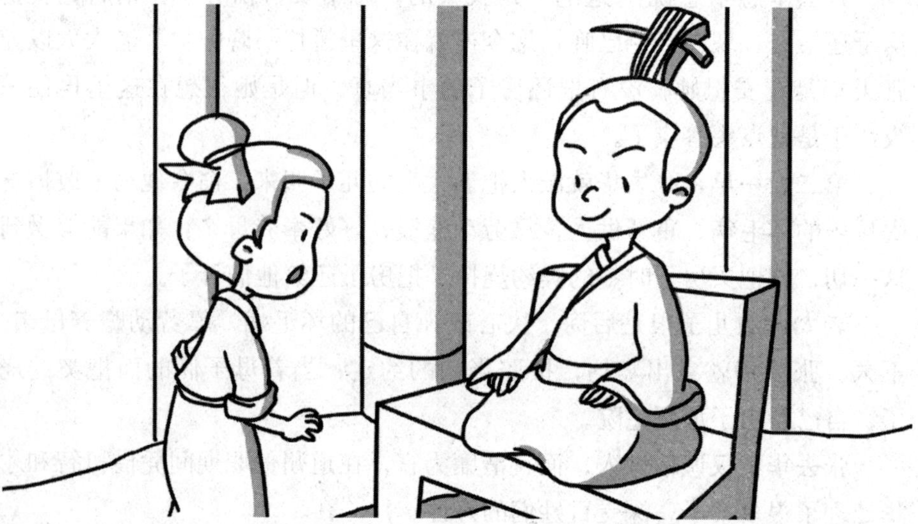

王拱辰说："陛下，我也是十年寒窗苦读，做梦都想中状元。但这次被选上状元实属侥幸，是因为此前我做过一样的考题，其实我的知识还很欠缺，怕不能为您分忧解愁。如果我默不做声当上了状元，我就是不诚实。我不能因此败坏自己的节操。"

宋仁宗听了，非常感动，特别欣赏王拱辰的诚实，认定他将来一定会成为国家的栋梁之才。于是宋仁宗就说："你此前做过考题，是因为你勤奋，况且从你的文章里可以看出，你表达的是自己的真实想法，理应当选为状元。你敢于说真话，能够诚信做人，这才是一个堂堂状元应该具有的品质，你的诚实比你的才华更可贵。朕一定要选你做状元，你就不要推辞了。"

就这样，王拱辰成为历史上有名的诚信状元。他在朝中做官 55 年，以自己诚实正直的品格和惊人的才华，得到了百姓和官员们的尊敬和爱戴。

知识链接

诗一首

王拱辰

圣神深意念遐方，前后皆驰谕蜀郎。
从此邮亭为盛事，乘轺相继有三王。

动动手

请同学们朗诵上面这首诗，并说说诗描绘的场景。

诚必有担当

知识点 有担当，就是能够对自己的所作所为负起责任，勇于承担。即使犯了错误，也要诚实地承担后果。这也是诚信的一部分。

诚信是一种责任，是一种担当。古今成功的商人无不是靠诚信经商的。身为祖国的未来，诚信更应该是我们的一种生活态度。

摩根先生的信誉

1835年，摩根先生听一位朋友讲，一家名叫伊特纳的火灾保险公司为了扩大自己的实力，宣布凡是加入公司的新股东，不需马上注入资金，只要在股东名册上签下自己的名字，就可以成为该公司的股东，而且很快就会有良好的收益。摩根先生毫不犹豫地就在那本股东名册上签下了他的名字，成为伊特纳火灾保险公司的一名股东。

天有不测风云。就在那一年的冬天，纽约突发了一场特大火灾。伊特纳火灾保险公司的股东们一个个傻了眼，纷纷要求退股来挽回自己的损失。而珍惜自己信誉的摩根先生则再三斟酌，决定舍财保信誉。他卖掉了自己苦心经营多年的旅馆和酒店，低价收购了大家的股份。他又通过其他融资渠道，以最快的速度将15万美元的保险赔偿返还了投保人。一时间伊特纳火灾保险公司的声誉传遍了整个纽约城。

为了偿还赔偿金，摩根先生已经濒临破产，只剩下一个空壳般的保险公司，当然，摩根先生也成为这家公司最大的股东。他从朋友那里借钱，然后刊登广告：本公司为偿还保险金已经竭尽所能，从现在开始，前来本

公司投保，保险金一律增加一倍。

第二天早晨，身上只有 5 美元的摩根先生拎着公文包上班。当走到公司所在的那条大街时，只见街道上被挤得水泄不通，原来有许多前来投保的人等在伊特纳火灾保险公司的大门口。摩根先生的保险公司瞬间起死回生。不久摩根先生就买回了原来的旅馆和酒店，还净赚了 30 万美元。

这位摩根先生就是主宰华尔街帝国的摩根先生的祖父，是美国亿万富翁摩根家族的创始人。一场突发的火灾曾使摩根先生濒临破产，同样也是这场火灾成就了一个家族的事业。摩根先生成功的秘诀就是讲诚信，重信誉。

其实摩根先生并不是单纯因为那次火灾而成为美国的亿万富翁的，他在日后的商场风云中也是凡事必讲诚信，才积累了富可敌国的财产。摩根先生曾说："讲求信誉是我一生恪守的原则，因为它具有无穷的复利效果，可以让你从身无分文的小子变成真正的亿万富翁。"相反，如果不讲诚信、没有信誉，那么所带来的财富也是非常有限的，甚至会因此导致财富缩水、企业破产等严重问题。

皇甫绩主动认罚

皇甫绩是隋朝有名的大臣。他三岁的时候父亲就去世了，母亲一个人难以维持家里的生活，就带着他回到娘家住。外公见皇甫绩聪明伶俐，又没了父亲，怪可怜的，因此对他格外疼爱。

外公叫韦孝宽，韦家是当地有名的大户人家，家里很富裕。由于家里上学的孩子多，外公就请了个教书先生，办了个自家学堂（当时叫私塾）。皇甫绩就和表兄弟们都在自家的学堂里上学。

外公很严厉，尤其是对他的孙辈们，更是严加管教。私塾开学的时候，就立下规矩，谁要是无故不完成作业，就按照家法打一戒尺。

有一天，上午上完课后，皇甫绩和他的几个表兄弟躲在一间已经废弃的小屋子里下棋，不知不觉就到了下午上课的时间。大家都忘记了做上午的作业。

第二天，这件事被外公知道了，他把几个孙子叫到书房里，狠狠地训斥了一顿，然后按照规矩，每人挨了一戒尺。

外公看皇甫绩年龄最小，平时又很乖巧，再加上没有爸爸，不忍心打他。于是，就把他叫到一边，慈祥地对他说："你还小，这次我就不罚你了。不过，以后不能再犯这样的错误。不做功课，不学好本领，将来怎么

做大事？”

皇甫绩和表兄弟们相处得很好。看到小皇甫绩没有被罚，大家心里都很高兴。可是，小皇甫绩心里却很难过，他想：我和哥哥们犯了一样的错误，耽误了功课。外公没有责罚我，这是心疼我。可是我自己不能原谅自己。

于是，皇甫绩就找到表弟兄们，求他们代外公责打自己一戒尺。表兄弟们一听，都扑哧一声笑了出来。皇甫绩一本正经地说：“这是私塾里的规矩，我们都向外公保证过触犯规矩甘愿受罚，不然就是不遵守诺言。你们都按规矩受罚了，我也不能例外。”

表兄弟们都被皇甫绩这种诚心改过的精神感动了，于是就拿出戒尺打了皇甫绩一下。

后来皇甫绩在朝廷里做了大官，但是这种从小养成的信守诺言、勇于承认错误的品德一直没有丢，这使得他在文武百官中享有很高的声望。

知识链接

皇甫绩（541—592），安定郡朝那县人，隋朝大臣。祖父皇甫穆是西魏陇东太守，父亲皇甫道是北周湖州刺史、雍州都督。周武帝时，卫刺王发动宫廷政变，皇甫绩不顾个人安危，救下太子，因此得到周武帝的赏识和重用，升任小宫尹，侍奉太子；宣政初年，皇甫绩受封为义阳县男，任御正下大夫。

动动手

当你犯了错误的时候，你会怎么做？

做人先学诚

知识点

“诚信”是一个人灵魂的点缀之物，少了它的陪伴，灵魂就显得渺小、平淡。

我们经常会听到许许多多有关拾金不昧的故事，人们这些行为和品质就是一种诚信的表现。其实在生活和学习中我们要做到诚信并不难。

儿时的守信

裴度年少时，因父母双亡家境贫寒，又不肯跟随姨父王员外做生意，只得寄居在山神庙中，衣衫破旧、穷困潦倒。

一天，裴度拿着一本书跑到香山寺去游逛，看看宝殿佛像，又看看进香拜佛的游客。就在他到处张望的时候，有一位风尘仆仆的妇人背着个包裹进了佛殿。裴度见那妇人面带愁容，神色悲苦，把包裹往佛像旁边一放，哭着低头便拜。裴度不便打扰人家，就转身走开了。

过了一会儿，裴度在殿前殿后转着念了几页书，不觉又走进殿中，只见那妇人已经不在了，却

把包裹落在那里。裴度抓起包裹就追出去，可是那妇人已经走远了。

裴度心想妇人迟早会回来找东西，自己若不替她看着包裹，说不定会被别的香客捡去。所以他就往殿门口一坐，抱着包裹，一边看书，一边等候。但年轻人毕竟好奇，他等了一会儿，便忍不住打开包裹看个究竟，原来是两条宝带！裴度虽然穷，但祖上也做过官，所以知道这两条宝带价值不菲。其中一条是玉带，一条是犀带，每条价值都在千金以上。若换了柴米油盐，足可以供裴度吃大半辈子。不过，裴度却没生这个邪念，他就在那一直等着失主。

天黑了，那妇人还不见回来。裴度便拿着包裹回家，胡乱吃了几口冷饭，看了半夜书。第二天一早，又跑到香山寺去等。

等了好大会儿，那粗心大意的妇人才跌跌撞撞返了回来。原来这妇人的父亲被人陷害，关在牢里，不久就要处斩。她是借了两条宝带打算去京城疏通关节、平反冤狱的。

裴度听完妇人的哭诉之后，把包裹拿出来，请妇人清点。妇人望着这位穷苦的年轻人，心中不忍，于是抽出那条犀带留给裴度，被裴度婉言谢绝。

后来裴度位至三公，被誉为“中兴名臣”。

裴度长大后的一番成就，也和他从小养成的诚实守信的良好品德分不开。他的事例告诉我们，做人先学诚。

知识链接

裴度还带的故事，冯梦龙所著《喻世明言》第九卷“裴晋公义还原配”与《醒世恒言》第十八卷“施润泽滩阙遇友”均有记载。

动动手

请同学们说说身边拾金不昧、诚实守信的故事，与大家分享。

诚信哲学

知识点 诚信不仅仅是一种美德，还是一种哲学。

诚信在与人交往中起着至关重要的作用。在过去有这样的评定，“人无信则不立”。在今天，诚信依然是立身之根本。

诚信撼动对手

诚信是一种哲学。有时，坚守诚信之道，反而会令对手折服。

三国时期蜀国的国君刘备死后，许多原来归顺了的少数民族部落都发动了叛乱。公元225年初春，诸葛亮率领大军去南方平息孟获的叛乱。到了南方，诸葛亮打听到孟获不但打仗勇猛，而且在南方中部地区各族中很有威望，于是下了一道命令：只许活捉孟获，不能伤害他。诸葛亮善用计谋。蜀军和孟获的军队交锋时，蜀军故意败退下来。孟获仗着人多，一股劲儿追了过去，很快就中了蜀军的埋伏。孟获的军队被打得四处逃散，孟获本人被活捉。

孟获被押到蜀军军营，心想，这回一定没有活路了。没想到进了军营，诸葛亮立刻叫人给他松绑，好言好语劝他归降。但是孟获不服气，说：“是我自己不小心，中了你的计，怎么能叫我心服？”

诸葛亮也不勉强，陪他骑马在军营外兜了一圈，让他看看蜀军的营垒和阵容。然后问他：“您看我们的人马怎么样？”

孟获傲慢地说：“以前我没弄清楚你们的虚实，所以败了。今天承蒙您给我看了你们的阵势，我看也不过如此。像这样的阵势，我们要打赢你

们也不难。”

诸葛亮笑了起来，说：“既然这样，咱们来个约定：如果我能抓到你七次，你就归顺蜀国，怎么样？”

孟获不以为然地答应了。

孟获被释放以后，回到自己的部落，重整旗鼓，又一次进攻蜀军。但是，第二次他又被活捉了。诸葛亮二话没说，又把他释放了。

就这样，蜀军一共活捉了孟获七次。

到了第七次的时候，诸葛亮还要再放。孟获却不愿意走了，他流着眼泪说：“丞相七擒孟获，信守诺言，说到做到，待我可以说是仁至义尽。我打心底里佩服，哪能不遵守当初的约定呢！从今以后，我不再反叛了。”

孟获回去后，说服了其他部落全部投降，重新归顺蜀国。

苏武牧羊

有一种诚信叫作“忠义”。

西汉时，匈奴败逃到漠北，要与汉朝和好。于是，汉武帝派苏武送匈奴的使者回去。

让苏武没想到的是，以前也有个汉朝去的使者卫律投降了匈奴，被匈奴封为王。卫律的副手虞常，见卫律替匈奴出主意侵犯中原，想偷偷杀了卫律，然后再逃回国去。他跟苏武的副手张胜以前就是好朋友，就暗地里对张胜说，准备把卫律杀死。

张胜愿意帮他暗杀卫律，谁知泄漏了消息。单于叫卫律审问虞常，张胜害怕，把虞常跟他说的话告诉了苏武。苏武深感堂堂使者如果像犯人一样被匈奴审问，会给朝廷丢脸，他就拔出刀来向脖子上抹去。张胜连忙夺下刀，苏武自杀未遂。单于叫卫律劝苏武他们投降。

苏武一见卫律来叫他投降，又拔出刀来向脖子上抹去。卫律慌忙把他抱住，苏武已经倒在地上，浑身是血。卫律叫人去请医生，医生给苏武灌了药，让他醒过来，然后给他涂上药膏，包扎好伤口，把他抬到营房里去。

单于派人去问候苏武，还叫卫律想办法劝他投降。

卫律对苏武说自己投降了匈奴，还被封为王，得到了不少下人和满山的马群。苏武今天投降，明天就跟他一样。苏武指着卫律的鼻子骂道："你忘恩负义，背叛朝廷，我决不会投降，要杀要剐都由你！"

单于想折磨苏武，叫他屈服，就把他关进了地窖，不给他吃的、喝的。这时候正好下大雪，苏武就靠吃雪和扔在地窖里的破皮带、羊皮片等充饥。

过了几天，单于见苏武还活着，以为有老天相助，就把他放出来，要封他为王，他不从。单于只得把他送到北海（今贝加尔湖），叫他在那边放羊。

苏武到了北海，由于匈奴不给口粮，他就挖野菜、逮田鼠吃。他念念不忘的是，自己是汉朝的使者，于是每天拿着使节放羊，抱着使节睡觉，想着总有一天能拿着使节回去。

一年又一年过去了，苏武手里的那个代表朝廷的使节上的穗子全掉了，他仍把那个光杆子的使节看成自己的命根子。

公元前87年，汉武帝驾崩，八岁的汉昭帝即位。公元前85年，匈奴起了内乱，单于没有力量再跟汉朝打仗，又打发使者要求和好了。汉昭帝派出使者来到匈奴，要求放回苏武。匈奴骗使者说苏武已经死了。

汉朝第二次派使者去匈奴。当初和苏武一起来的一个手下私下里跟使者见了面。使者明白了内情，就严厉地责备单于说："我们皇上在上林园射下一只大雁，大雁脚上拴着一条绸子，是苏武亲笔写的一封信。他说他在北海放羊。您怎么可以骗人呢？"

单于听了吓了一大跳，说："苏武的忠义感动飞鸟了！"他向使者道歉，答应一定送回苏武。

苏武出使时刚四十岁，在匈奴受难十九年后终于回国了。长安的人民听说苏武回来，都出来看。他们看见白胡须、白头发的苏武没有不受感动的，纷纷夸赞苏武是真丈夫。

知识链接

匈奴是古代蒙古大漠和草原上的游牧民族，祖居阿尔泰山脉以东南、大兴安岭以西、蒙古草原以南、青藏高原以东北、华北平原以西北戈壁，由古北亚人种和原始印欧人种混合。

动动手

你喜欢"三国"故事吗？你熟悉的有哪些？

诚在心，信在手

知识点

诚信是杯甘醇的美酒，细细品味，方能品尝出人生的真、善、美。

若有诚信，你会发现，你拥有一种不可思议的力量，可以解决许许多多的问题。

俞绘还银

明朝的时候，百官古镇上居住着一个名叫俞绘的读书人。

俞绘从小家境贫寒，但为人忠厚、诚实守信已是远近闻名。经过十年苦读，俞绘考中了秀才，后来又通过乡试，取得了进京城参加会试的资格。

在进京途中，俞绘不料在客栈里被窃贼盗窃了钱财。俞绘发现路费没有了，不禁号啕大哭。店老板和其他客人闻讯赶来，听俞绘说他是从上虞县来赶考，便建议他去求助同是虞县人的冯县令。

来到县衙，冯县令问明事情经过后，觉得俞绘是个忠厚老实的人，便取出十两银子交与他。俞绘感激地说："多谢恩人对晚生如此信任，自当终生铭记！晚生还是留一张借据吧，日后定要奉还的。"冯县令笑道："不必了，既是同乡，又何必见外，请抓紧时间赶路吧。"说罢，亲自将俞绘送到大门外。

俞绘如期参加了会试，但没有金榜题名，不过值得庆幸的是他被任命为歙县训导。俞绘到任后，兢兢业业供职，一直抽不开身。但他心里无时不记挂着欠冯县令的十两银子，期待有一天能亲自登门致谢，奉还银子。

后来俞绘返乡探亲，途经沛县，却听说冯县令早已病故，于是他四处打听，终于找到冯县令的儿子冯珏的住处，可等说明来意后，冯珏却因父亲生前没有留下任何借据，拒绝了他。

俞绘说道："我当时是要写借据的，但出于对我的信任，令尊坚持不要我写。如果因此就不还钱，岂不辜负了令尊大人的信任？也对不起自己的良心。如果令尊在世，必定会对我很失望。所以，这银子还请你收下。"冯珏道："家父在世时，一向乐于助人，扶危济困。家父是诚心帮助你，也不想找你讨要借银，所以不肯让你写借据。既然这样的话，我又怎么能违背他的意愿呢？"俞绘实在无奈，只好央求去冯老先生的坟前祭拜，冯珏答应了。

俞绘来到墓前，已是泪流满面，说："恩人，我来晚了！"过了好一会儿，俞绘抬起头来，哽咽道："恩人，若非你热心相助，俞某恐怕没有今天。我今日专程来奉还当初所借银两，你就让公子收下，千万不要让我成为不守信义的人！"说罢连磕三个头。冯珏见此情景，心里大受感动，忙扶起俞绘说："俞先生真是一位诚实君子。银子我代家父收下了。"

俞绘在没有任何监督的情况下，自觉维护自己的信用，不愧是一位诚信之人。

以信改过

周处，宜兴阳羡（今江苏宜兴以南）人。不满 20 岁时，其体力就超过常人，喜好跑马打猎，不拘小节，随心所欲，而且放荡不羁。乡里人都十分厌恶他，把他看成是一大祸患。

当时，阳羡一带连年遭水灾，据说是因为河里有一条蛟龙在那里兴风作浪，致使水患不断；在阳羡南山上又有一只白额猛虎，经常下山伤害人和牲畜。

这样，乡里人就把河里的水患、山上的虎患和乡里的周处称作当地的三大祸患，并编了一首民谣讥讽他。

周处知道了人们对他这种怨恨和讨厌以后，立下了发愤改过的决心。但是，他又怕得不到人们的理解和信任，于是去向乡里的尊长请教。尊长建议他以实际行动为民除害，以取得人们的信任。

于是周处带上刀箭进山去把猛虎射死了。接着，他又投入水中与那蛟龙搏斗。周处和蛟龙搏斗在一起，一会儿沉下去，一会儿又浮上来，一起一伏地在水里游了几十里，经过三天三夜，周处终于把蛟龙杀死了。人们不见周处返回，以为他也死了，大家非常高兴地互相庆贺。还有人说，三害皆除，大家可以安居乐业了。

当周处回到家乡，听说乡里人不仅欢庆猛虎、蛟龙被除，同时也欢庆他一同死去，周处伤心极了，便到吴兴郡去向当时很有名望的陆机、陆云二人求教。

周处把事情的来龙去脉原原本本地告诉了陆云。然后，他十分痛切地说："我已为阳羡除去了两害，我说到做到了，可乡里人还在庆幸我的'死去'，我心里很是难过。"

陆云说："乡里人憎恨的是你过去的行为。现在你虽然把猛虎、蛟龙两害除掉了，但人们

还希望你把过去的错误也彻底除掉。”

周处回到家乡以后，好学上进，举止言行做到忠信克己，一年后，终于赢得了人们的信任。各州府也见他是个有志有勇的人物而争着聘用他。

周处受聘后，先后在东吴时任东观左丞、无难督等职，在晋朝时任过新平太守、广汉太守、楚内史、御史中丞等职，后来还驰骋沙场，成为英勇善战的将领。

周处说到做到，并能从善如流，真诚改过，为后人传为佳话。

知识链接

周处是《世说新语》中所记故事的主人公。《世说新语》是中国南朝宋时期（420—479年）产生的一部主要记述魏晋人物言谈轶事的笔记小说，是由南朝刘宋宗室临川王刘义庆（403—444年）组织一批文人编写的，梁代刘峻作注。全书原八卷，刘峻注本分为十卷，今传本皆作三卷，分为德行、言语、政事、文学、方正、雅量等三十六门，全书共一千多则，记述自汉末到刘宋时名士贵族的逸闻轶事。

动动手

请同学课下读读《世说新语》，并选取其中一个故事给大家讲讲吧！

诚信当先

知识点 诚信是一个人做人的根本，也是一个人处世的根基。

人有了诚信，才能在社会上生存发展，才能立于不败之地。

梁启超信守诺言

1884年，12岁的梁启超第二次离开自己的家乡——熊子乡，坐船前往广州参加学院考试。到广州后，他租了一间公寓，认真读书、学习。考试时，他对答如流，中了秀才。主考官是广东学政叶大绰。他看到考生们的成绩很好，心中十分高兴，特地接见了被录取的考生。被接见后，考生们一个个都走了，只剩下年少的梁启超没有动。叶大绰感到奇怪，

问他为什么不走。梁启超很有礼貌地说："叶大人，学生有件事恳求您帮忙。"

叶大绰先是吃了一惊，然后态度和蔼可亲地问道："你有什么请求，请说来听听。"

梁启超听后，激动地说道："学生临行前，对祖父许下了诺言。如果我这次考试被录取，就请求主考大人给祖父写一幅诞辰贺言。"

"你为什么想到这样做呢？"主考官想弄清梁启超的想法。梁启超深情地说："我的祖父虽然一生没有中举，但他用毕生的精力辛勤地培养我。我今天能够考上，全靠祖父的培育。今年，祖父刚好 70 大寿，作为孙子，我应该感谢他，送他一份最好的礼物。我想来想去，觉得只有学政大人写的贺言才能算作对他老人家最大的安慰和礼物。因此，我冒昧地求大人帮忙。"

听了梁启超的话，叶大绰被他的真诚感动了，欣然接受了请求，挥笔为梁老先生写了贺言。

梁启超回到家乡，他的父母都很高兴，祖父接过贺言，也笑得合不拢嘴。

父亲问梁启超是怎么想起让学政大人写贺言的。梁启超说："我临走时，祖父问我，这次考试有没有把握。我说，有把握。如果我考中了，就请主考官大人给您写一条贺言。考试后，我被录取了，我要兑现我的诺言。于是，我就如实地将我的想法告诉了学政大人。学政大人听了我的话后，真的答应了我的请求！"

祖父说："超儿很诚实，而学政大人喜欢诚实的孩子，于是，学政大人就写下了如此有意义的贺言，这才是'心诚则灵'嘛！"

贫不改志，诚信当先

谢弘微，东晋时孝武帝女婿谢混的侄儿。他一生信守承诺，不贪图钱财，受到人们的称赞。

东晋末年，谢混因参与反对刘裕的活动而被迫自杀。为此，孝武帝命令其女儿晋陵公主回宫中居住，并让其女儿与谢家断绝关系。公主在离开谢家时，决定将全部家产委托给谢混的侄儿谢弘微管理。

谢弘微接下了万贯家财，光是家中的奴仆就有几百人。人们议论纷纷，都说谢弘微从此交了财运，有了这笔财产，几辈子也够吃够用了。

谢弘微却没这么想。在他接管了这笔财产后，并没有据为己有。他精心地管理着这笔家产，自己在生活上却如同以往一样节俭。平日里，他从不乱花一分钱，即使用了一尺布，也都一一记在账上。

后来，刘裕当了皇帝，晋陵公主降为东乡君，只得离开皇宫，重新回到谢家。这时，谢弘微捧出多年的账目，请婶婶一一清点过目。婶婶看到家里管理得井井有条，账目又一清二楚，提出要把一部分财产分给侄儿，但谢弘微坚持分文不收。

不久，婶婶病逝。乡里人认为，谢混没有儿子，两个女儿都已出嫁，虽然她们把能搬走的东西都拿走了，但住宅、田园等应当留一些给谢弘微。谁知谢弘微仍然不要任何财产，反用自己的钱安葬了婶婶。

而谢混的大女婿殷睿是个有名的赌徒。他听说谢弘微不争财产，便将谢混家剩下的全部家产用去还了赌债。

对此，谢混的两个女儿因受到谢弘微的影响，并未计较。然而，乡里的一些正直的人对此有些气不过，有的还故意讽刺谢弘微说：“你倒捞了个廉洁的好名声，可谢混家的财产全都被扔进赌场了！你替别人管的什么家呀！”

谢弘微听了并不介意，只是解释说：“以前人家托我管家，我管住了，以后这个家是她们姐妹的，她们都不介意，我怎么能唆使她俩去争呢？再说，亲戚之间争夺财产，是最不道德的事。金银财产固然重要，但人的志向、品德更重要啊！”

谢弘微用自己的言行表现出他诚信、不贪图钱财的高贵品格。

知识链接

梁启超，中国近代史上著名的政治活动家、启蒙思想家、资产阶级宣传家、教育家、史学家和文学家。

动动手

同学们若有机会，可以去参观梁启超的故居！

言无欺，行正义

知识点 诚信的基本内涵就是说话真实无欺，行为对得起自己的良心。

战国思想家墨子说过“言不信者行不果”。诚实对人，诚信做事，才能沉淀出对待生命的正确态度。

正义的未来总统

1834年，25岁的林肯当选为伊利诺伊州议员，开始了他的政治生涯。1836年，他又通过考试当上了律师。

当律师以后，由于他精通法律，口才很好，在当地很有声望。很多人都来找他帮自己打官司。但是他为当事人辩护有一个条件，就是当事人必须是正义的一方。许多穷人没钱付给他劳务费，但是只要告诉林肯：“我是正义的，请你帮我讨回公道。”林肯就会免费为他辩护。

一次，一个很有钱的人请林肯为他辩护。林肯听了他的陈述，发现他是在诬陷好人，于是就说：“很抱歉，我不能替您辩护，因为您的行为是非正义的。”

那个人说：“林肯先生，我就是想请您帮我打这场官司，只要我胜诉，您要多少酬劳都可以。”

林肯严肃地说：“只要使用一点点法庭辩护的技巧，您的案子很容易胜诉，但是这是不公平的。假如我接了您的案子，当我站在法官面前讲话的时候，我会对自己说：‘林肯，你在撒谎。’谎话只有在丢掉良心的时候，才能大声地说出口。我不能丢掉良心，也不可能讲出谎话。所以，请您另请高明，我没有能力为您效劳。”

那个人听了，什么也没说，默默地离开了林肯的办公室。

蔡元培先生说过：诚字之意，就是不欺人，亦不可为人所欺。可见，无欺是诚信的重要准则之一。

“诚实节”的由来

埃默纽·旦南五岁的时候，父母双亡，他成了一个孤苦伶仃的孤儿，生活无依无靠。有位名叫顿诺的酒店老板见他可怜，便对他说：“埃默纽，你到我的店里来干活吧！”老板这样做，只是为了得到一个做慈善的好名声。

转眼之间，三年过去，埃默纽长到了八岁，他比过去更懂事了，每天辛勤劳动，待人诚恳，彬彬有礼。

一天晚上，埃默纽偶然发现老板为了钱财杀了一个商人。为了掩饰罪行，老板装出悲哀的样子对埃默纽说道：“孩子，你都看到了。杀死他，我也很伤心。明天如果警察来问这件事，你必须说这个商人喝醉了酒，见人就打，老板是为了自卫，把凳子扔过去，不料，把他砸死了。”埃默纽望着凶狠的老板，胆怯地说：“不，事情不是这样的，我不想说谎。”

老板生气了，逼着他说：“必须这样说，你向我发誓！”埃默纽摇摇头，说：“不，我不想说谎！”老板恼羞成怒，说：“那我就不客气了！”说罢，他把埃默纽捆绑起来，吊在屋梁上，用鞭子抽打他。

“照不照我的话做？”

“不！”老板见埃默纽不改口，就狠狠地抽打他。最后，埃默纽竟被活活地打死了。

老板的罪行终于暴露了，在法庭受审的时候，他不得不讲出事情的

经过与真相。埃默纽小小年纪，至死不肯说谎，他的事迹深深地感染了人们。为了纪念这个诚实的孩子，当地人就把埃默纽死去的这一天（也就是每年的五月二日）定为“诚实节”。

知识链接

林肯，美国第16任总统。他领导了美国南北战争，颁布了《解放黑人奴隶宣言》，维护了美联邦统一，为美国在19世纪跃居世界头号工业强国开辟了道路，使美国进入经济发展的黄金时代，被称为“伟大的解放者”。他曾说，“你能欺骗少数的人，你不能欺骗大多数的人；你能欺骗人于一时，你不能欺骗人于永恒。”

动动手

你说过谎话吗？如果有，回忆下当时的感受，现在的你如何评价当时说谎的你？

言而有信

知识点　一个人要言行一致，说了就要去做。只说不做是不讲信用的人。

《论语·学而》第七章有这样一段话，“贤贤易色；事父母能竭其力；事君，能致其身；与朋友交，言而有信。虽曰未学，吾必谓之学矣。”言而有信，是一种高尚美德。

唐溪不受密饷

唐僖宗时，唐溪是三川节度使官署内的孔目官（衙门里掌管文书的官员）。

当时的三川节度使是一个叫陈敬瑄的人。这人是唐僖宗李儇所宠信的宦官田令孜（本姓陈）的哥哥。他仗着弟弟田令孜的权势，得以官运亨通。

在三川节度使所管辖的邛州有一个名叫阡能的衙吏，因不堪陈敬瑄的残暴统治，于中和二年（公元 882 年）三月起义，响应的人很多，一个月内就发展到上万人。阡能成了邛州地区农民起义的领导人。后来阡能的起义军被陈敬瑄部将高仁厚的部队所败，他本人也被俘牺牲。

为了缓解官府与百姓的矛盾，尽快稳定局势，陈敬瑄在邛州贴告示说，凡是阡能等人的亲朋一律不予追究。可是没过多久，邛州刺史报告，已逮捕阡能的叔父阡行全一家三十五人，并关进监牢，请求依法处决。

陈敬瑄接到邛州刺史的报告后，问孔目官唐溪该怎么处置。唐溪回答说：“您已经出了告示不让追究，而刺史又进行逮捕，其中必有缘故。现

在要是杀了阡行全一家人，不但使您失掉威信，而且还会导致阡能的党羽纷纷起事。”

陈敬碹听从了唐溪的建议，派遣押牙（节度使官署内的亲信武官）牛晕去邛州，在邛州官署大门口召集众人，当场打开刑具把阡行全等人释放了，并了解到阡行全一家人被捕入狱的真实原因。

原来，阡行全家里有一处好田地，刺史想买，阡行全不愿意卖，刺史因此恨他，所以就以他们是造反者的亲属为名把他们逮捕了。

后来，阡行全听说全家是由于唐溪公正的言语才得以免死的，心里非常感激唐溪，就秘密送给唐溪一百两金子。唐溪对阡行全这样的行为非常生气，发火道：“这本是陈太师（当时陈敬碹有‘检校太师’的官衔）的仁明，跟我有什么关系！你居然揣着灾祸来赠送与我吗？”说着，就还了他金子，把他赶了出去。

这是《资治通鉴》中所记载的一个故事。唐溪对陈敬碹的一席话显示出为官者言而有信的重要性。唐溪把钱财视为“灾祸”，可谓诚实正直、廉洁自律。

毕沅离家苦读

毕沅（1730—1797年），字秋帆，自号“灵岩山人”，清朝江苏镇洋

（今江苏太仓）人，乾隆年间的进士，官至湖广总督。

毕沅的父亲毕升，进士出身，曾任工部主事，为人坦荡，诚实正直，被人们称作“毕直肠”。由于他过于直率，得罪了皇帝，后来被降职到四川内江县当县令。毕升在任期间，爱民如子，经常降低赋税，受到老百姓的一致好评。

谁料毕升因为过度劳累，竟然病故身亡，临死的时候，他嘱咐家人说：“我虽然没有给你们留下万贯家财，但是家里还有几亩田地，节俭些过日子，还是可以养活家里这几口人的。所以，我死后，不要收百姓、乡绅、衙役送的钱财。毕沅还小，人也比较聪明，应该让他好好读书，为国家出力，教育他做一个忠厚诚实的人。”

毕沅从小就受家风熏陶，发愤读书，诚信做人，受到周围人的赞扬。

一次，毕沅父亲的同窗好友高士祺来看望毕沅母子。看到毕家虽然家境贫寒，但是毕沅人品很好，学问也很高，于是就把小女儿许配给了毕沅。

毕沅与高家小女儿结婚以后，两人的感情非常好。高家的另外两个女婿都是家财万贯，经常取笑毕沅的贫穷和老实。毕沅面对别人的嘲笑，对妻子说：“我发愤读书，一定要考个功名回来，不然我就不进这个家。”

妻子以为他在说气话，听了并未放在心上。没想到，毕沅真的离开了

家，在湖畔租了一个小屋，每天在那里专心学习。有一次连降暴雨，他的小屋眼看就要被水给淹了，可是他仍然坐在里面高声读书，竟然不知道危险情况，一个打鱼的人看见后高声呼喊，他都没有听到。

就这样，毕沅谨记当初的诺言，经过两年的刻苦学习，终于在乾隆二十五年（公元1760年）中了状元。

知识链接

毕沅，清代学者。他生前好学爱士,宦迹所至,广聘学者,校释古籍,搜求金石碑版。其署名的《续资治通鉴》二百二十卷,历时二十年,四易其稿始成。体例谨严有法,叙事详而不芜,以编年体集宋元时期主要史事,史料均有所本,颇具学术价值。他经史诗文功底甚深,于金石、地理、文字都有涉及,所著有《经典文字辨正书》《传经表》《音同义异辨》《山海经校本》《关中金石记》《中州金石记》以及《灵岩山人诗集》等。

动动手

你知道在中国古代的科举考试中前几名分别称作什么吗？

真诚付出终有报

知识点　一个诚信的人，以诚待人、以信立身，他收获的不仅是别人的称赞，还有别人的尊敬。

不求回报地帮助别人，未必每个人能做到。但是当你真心付出，你会发现真诚待人不仅能赢得朋友，更能赢得光彩！

黄裳还珠

黄裳是宋朝人，他从小就是一个非常聪明的孩子。黄裳酷爱读书，不但读得快，而且能够很好地消化理解；他的文章也写得很好，是乡里有名的神童才子。黄裳不仅学问高，而且还是一个诚实的君子。

一次，父亲派他到城里办事。夜晚，黄裳就在一家小客店住下。躺在床上，黄裳觉得腰部好像有什么东西硌着，用手一摸，是席子下面有一个硬邦邦的东西。他翻身起床，揭开席子，借着月光一看，原来是一个装着东西的布袋。黄裳心里琢磨，一定是前面住店的客人落在这里的，就点亮灯想看一看里面装的是什么。

他解开系着的绳子，随手把布口袋往桌上一倒，只听见"哗啦"一声，黄裳立刻惊呆了。原来从布口袋里倒出来的是一堆珍珠，足有上百颗，有几颗还滚落在了地上！黄裳连忙把掉在地上的珍珠捡起来，又把桌子上的珍珠收到布袋里。他担心有遗落在地上的，就又在床下、桌下仔细搜寻了一番，确定再没有掉落的，这才把布袋口扎好，放在枕头底下。

此时的他睡意全无。心想：我长这么大，还从未见过这么多珍珠，我该怎么处理它们呢？经过一番考虑后，他最后还是决定想办法把珍珠还给

它的主人，说不定这是失主的全部积蓄。

第二天一早醒来，黄裳立刻从店里借来笔墨，在留言墙上写道：某年某月，降庆府普成人黄裳曾住此店某某号房间。

店小二见状，心里觉得好笑，又不是什么达官显贵、名人雅士，题这破字干什么。

黄裳收拾好东西准备上路，临行前，他对店主说："如果有人到贵店来找珍珠，请他到城里来找我。"接着又详细地说了自己在城里的地址。

他到了城里没过几天，就有人来找他。那人说他就是遗失珍珠的人，是看了小旅馆里先生留下的字及店老板告诉的详细地址才找来的。

黄裳说："珠子确实在我这里，但是我们得对证一下。"

于是，他们来到官府，当堂对证。那人说了珠子的数目，官府的官员亲自数了珠子之后，和那人说的一点儿不差，这才把装有珍珠的袋子还给失主。

失主非常感激黄裳，想送他几颗珠子作为谢礼，黄裳说：“我要是想要珠子的话，你就一颗也得不到了。我既然把珠子还给你，就一颗也不会要。”

黄裳于公元 1169 年高中了状元。

胡雪岩助人亦助己

胡光墉（1823—1885 年），字雪岩，安徽绩溪人，清末买办资本家。

胡雪岩年轻的时候，在杭州一家钱庄里当学徒。一天下午，胡雪岩一个人守在店堂里，与往常一样翻书识字，有顾客来时，他就放下书，上前去打招呼。

这时，钱庄里来了一个名叫王有龄的穷困潦倒的书生。胡雪岩与他并

不熟悉。一番闲聊之后，胡雪岩发现这个书生很有才华，也很有抱负，将来一定会发达，但是现在却缺少进京的盘缠。

胡雪岩二话没说，立即把钱庄的五百两银子私下借给了他。

黄昏的时候，钱庄的老板回来了。胡雪岩向他汇报刚才的生意。可没等他说完，老板就已经暴跳如雷了，“这哪里是生意？这五百两银子看来是有去无回了，你也给我卷铺盖走人吧！”

胡雪岩离开钱庄后，没有了饭碗，只能在杭州街头流浪。

就这样，很长一段时间过去了，直到王有龄当官回到杭州，在西子湖畔见到胡雪岩时，胡雪岩街头流浪的日子才结束。

王有龄感激胡雪岩当初对他的信任和帮助，于是便资助胡雪岩在杭州联桥开出了自己的钱庄。

胡雪岩开办钱庄后，坚持重信义，生意越做越大。仅仅四五年时间，他就赢得了“红顶商人”的称号。

1878 年，胡雪岩受朝廷嘉奖，封布政使衔，赐红顶戴，赏黄马褂穿，可在紫禁城骑马。

知识链接

黄裳（1044—1130 年），字勉仲，延平（今福建南平）人。元丰五年（公元 1082 年）进士第一，累官至端明殿学士，著有《演山先生文集》《演山词》。其词语言明艳，如春水碧玉，让人心醉，观赏把玩不已。代表作有《卖花声》《永遇乐》《宴琼林》《喜迁莺》《减字木兰花》《渔家傲》和《蝶恋花》等。

动动手

你读过黄裳的作品吗？

第3章

以诚交友
以信待人

做人的基本标准

知识点

德国诗人海涅曾说：“生命不可能从谎言中开出灿烂的鲜花”。当今社会，诚信始终被视为做人的基本准则。

诚信虽然是一个看似抽象的词语，但是诚信却时时体现在一个人生活的细节之处。一个平凡的人，常常因诚信而发光。诚信的观念需要从小建立；诚信，也不因贫穷而动摇。

鲍子都还马

汉代上党人鲍宣，字子都，年轻时担任过上计掾。有一次，他在路上遇见一个书生，见他独自赶路，于是便和他结伴同行。这个书生突然得了心痛病，子都赶忙下车为他按摩，但他还是很快就死去了。

鲍子都不知道书生的姓名，见他随身带有用绢帛写成的一卷书和制成饼状的十块银子。于是，鲍子都用掉一块银子，买来棺木用来装殓书生的尸体，把其余的银子枕在死者的头下，再把帛书放在他的腹上，对他哭祭一番之后说：“假如你亡魂有灵，就应该让你家里知道你埋在这里。我现在肩负着使命，不能够在此久留。”说完后辞别书生，继续赶路。

鲍子都到了京城，发现有一匹青白色的骏马总是跟随在他的后面。鲍子都见它无人喂养，就留下了它。

鲍子都办完事离开京城时，骑着这匹青白色的骏马，走着走着迷了路。这时天色黑了下来，他看见一家关内侯的住宅，便前往投宿。见到这家的主人后，鲍子都就让自己的随从递上名帖。

关内侯家的佣人出门时，看见了跟着鲍子都来的这匹马，立即报告关内侯说："这个从外面来的客人偷骑的是我们家以前丢失的那匹马。"关内侯说："鲍子都是上党郡很有名望的人，这事一定另有原委，不可乱说。"

关内侯于是向鲍子都问道："你是怎样得到这匹马的？它是我家过去无缘无故丢失的。"鲍子都说："我去年到京城去办事的时候，遇到一个书生，突然死在路上……"他详细地向关内侯叙述了那件事后，关内侯惊愕地说："那个书生，正是我的儿子啊！"

关内侯接回儿子的灵柩，打开棺木，看见银子和帛书正如鲍子都所说的那样，还存放在棺内。于是，关内侯全家上朝，向皇帝禀报了鲍子都的仁义之举，并荐举了鲍子都。从此鲍子都的名声广为传颂。

从鲍子都开始，到儿子鲍永、孙子鲍昱，先后都官拜司隶之职。后来，鲍永和鲍昱还被封为国公。

司各特的信用

英国著名的小说家瓦尔特·司各特是一个诚实守信的人，虽然他很贫穷，但是人们都很尊敬他。

司各特为人正直，他的一个朋友看见他生活很困难，就帮他办了一家出版印刷公司，可是他不善于经营，不久公司倒闭破产了。原本就很贫穷的作家又背上了债务的包袱。

司各特的朋友们商量要凑足够的钱帮助他还债。司各特拒绝了，"不，凭自己这双手我能还清债务。我可以失去任何东西，但唯一不能失去的就是信用。”

为了还清债务，他像拉板车的老黄牛一样努力工作。朋友们都非常佩服他的勇气，说他是一个真正的男子汉。

当时的很多家报纸都报道了他的企业倒闭的消息，有的报道充满了同情和遗憾。他把这些报纸统统扔到火炉里，在心里对自己说：“瓦尔特·司各特不需要怜悯和同情，他有宝贵的信用和战胜生活的勇气。”

从那以后他更加努力地工作，人也变得又黑又瘦。

有一次，他的一个债主看了司各特写的小说后，专程跑来对他说：“司各特先生，我知道您很讲信用，但是您更是一个很有才华的作家，您应该把时间更多地花在写作上，因此我决定免除您的债务，您欠我的那一部分钱就不用还了。”

司各特说：“非常感谢您，但是我不能接受您的帮助，我不能做没有信用的人。”后来，他在日记本里这样写道，“我从来没有像现在这样睡得这样踏实和安稳。我的债主对我说，他觉得我是一个诚实可靠的人，可以免掉我的债务，但我不能接受。尽管我的前方是一条艰难而黑暗的路，但却使我感到光荣。为了保全我的信誉，我可能因为困苦而死，但我却死得

光荣。”

这种信念一直督促着司各特。两年后，他靠自己辛勤的劳动终于还清了债务。

司各特以诚信赢得他人的尊重，以诚信树立了个人的良好形象。他的诚实守信不正是我们青少年学习的榜样吗？

中国古话曾说：“人，以诚为本，以信为天。”一个没有诚信的人，如同一颗飘浮在空中的尘埃，无处立足。唯有以诚为本，方能立足社会，在事业上有所发展，方能拥有光明的前途。

诚信是人类共同的美德，朋友之间以诚相待，就会有患难之交；商家以诚待客，会赢得顾客盈门。“心灵之花”在诚信的“土壤”中生根、发芽，才会结出灿烂之果。

知识链接

瓦尔特·司各特（1771—1832）是英国著名的历史小说家和诗人，生于苏格兰的爱丁堡市，毕业于爱丁堡大学，当过律师，担任过副郡长、高等民事法庭书记官等职。

司各特的创作对欧洲历史小说起到了开创作用，被尊为历史小说的创始人。英国的狄更斯、斯蒂文森，法国的雨果、巴尔扎克、大仲马，俄国的普希金，意大利的曼佐尼和美国的库柏等著名作家都曾受到司各特的深刻影响。

动动手

你还知道哪些外国的诚信故事？和大家分享一下。

君子待人以诚

知识点 重承诺，轻回报，一直是君子待人之道。

世间稀世珍宝不计其数，而唯有人性的美好、诚信的品质是别人盗不走的财富。美国作家德莱塞曾说，“诚实是人生的命脉，是一切价值的根基”。成为一个富有的人，从诚实守信做起。

相识是缘，拒珠而葬

唐顺宗时，有一个名叫崔枢的读书人去考功名，在谯郡的一个客店里，与一个渡海经商的南洋商人住在一起。

那南洋商人漂洋过海、长途跋涉来到中国，一路颠簸，又水土不服，在谯郡住下后，很快就病倒了，而且病情越来越重，以致卧床不起。

崔枢是个热心人，不但没有因此就厌弃他，而且对他百般照顾，那南洋商人的病情却仍不见好转。他预感到自己可能将不久于人世，便对崔枢说：“这些天来，承蒙您照顾我，不因为我是外国人、病人而厌弃我。如今我病成这个样子，回不了家，恐怕也难以治好了。我们民族重视土葬，如果我死了，您能不能为我买口棺材办后事呢？”

崔枢见他病得这样重，又远离故土家人，心中也十分难过，便说：“你尽管安心养病，万一有什么不测，我一定会按照你们民族的习俗来安葬你。”

那南洋商人感动得热泪盈眶，气喘吁吁地拉过崔枢的手说：“您对我恩重如山，可我无以为报，只有一颗稀世宝珠，价值万贯，请允许我将它送给您作为报答吧！”说着便把一颗硕大的宝珠放在了崔枢的手中。

崔枢手捧着宝珠对南洋商人说：“我们相识是缘。你生了病，我照顾你，这是理所当然的。再说，我是个穷书生，居无定所，怎能收下如此贵重的珠宝呢？”

那南洋商人又说：“是的，您说的很对，不过，我现在已是将死之人了，家又远在海外，我留着这颗宝珠也没什么用了，您就把它留下做个纪念吧！”话刚说完，南洋商人就咽气了。

南洋商人死后，崔枢按照他的嘱咐，买来了棺材，请人帮他进行土葬。崔枢趁别人不注意，把那颗宝珠也放进了棺材里。

一年后，那南洋商人的妻子到谯郡来寻找丈夫。得知丈夫已死，便查问那颗宝珠的下落。她怀疑是崔秀才拿走了宝珠，于是就报了官府。官府便派人追捕崔枢。

官府的人找到了崔枢。崔枢对他们说：“那南洋商人确有一颗宝珠，他要送给我，但我并没有要。如果那南洋商人的坟墓没有被盗的话，那颗宝珠就应该还在棺材里。”官府立即派人开棺查看，宝珠果然在里面。

崔枢济人之困却不求回报的事很快就传开了。第二年，崔枢科举及第，做了秘书监。在任期间，他一直为官清廉，深受人们的尊敬。

信守诺言的鲁肃

大家都听过三国时期诸葛亮草船借箭的故事吧。

据说，在船上，诸葛亮轻摇羽扇潇洒地对鲁肃说："我方才静听舱外箭雨之声，心中默数，算来此次曹贼所赠之箭应有一十二万五千一百一十一支！"

鲁肃听得张口结舌，心中暗想：这人莫非神仙下凡？

不一会儿，小卒进来禀报，共得箭一十二万五千一百支。

鲁肃顿时大惊失色，诸葛亮虽多算了十一支箭，但预算能精确到百位，也非凡人可及的。鲁肃正要拱手拜服，却见诸葛亮面色凝重，便不敢出声，想来他是为误差十一支箭而懊恼。

诸葛亮对小卒说："你们仔细清点了吗？"

在小卒眼里，诸葛亮是大人，见他脸色难看，吓得扑通跪下："回禀先生，确定细细清点了，不敢有分毫差错。"

鲁肃严厉地对小卒说："再去重新清点，检查一下船舷等处有没有查漏之箭，有错漏者军法处置！"

小卒应声下去了。

鲁肃诚恳地对诸葛亮说："十二万多支箭，先生只漏数了十一支，我已经很佩服。偶有一两支没有戳稳的箭落入水中也是难免的。先生何必这

么严格要求自己呢？”

小卒再次来禀报，经过核实，仍旧只有一十二万五千一百支箭。

诸葛亮的确是一个对自己的能力要求严格的人，同时也爱惜自己的名声。看着小卒的背影，他长叹一声，坐在舱板上，长时间没有说话。快到东吴水寨时，诸葛亮像突然想起了什么似的，对着鲁肃深深地鞠了一个大躬。

鲁肃连忙起身还礼，说：“先生为什么对我行这么大的礼啊？”

诸葛亮说：“我有一事相求，听声数箭一事，请代为保密，不要外传，我将感激不尽。”

鲁肃说：“鲁肃佩服先生的为人，替先生保密就是。”

鲁肃果然是诚信君子，听声数箭的事从未对任何人讲过。

知识链接

早年，袁术听闻鲁肃大名，请为东城长，鲁肃看袁术定不能成就霸业，便经周瑜的推荐，成为孙权的参谋，很早就为孙权制定了成就帝业的战略计划，深受孙权器重。赤壁之战前，鲁肃在联合刘备、劝说孙权抗曹等方面都发挥了极为重要的作用，并在之后协助周瑜取得赤壁之战的胜利。赤壁之战后，鲁肃从大局考虑，又劝说孙权将荆州借给刘备，继续巩固孙、刘联盟。周瑜去世后，鲁肃接任他的位置，负责处理荆州事务。

动动手

你认为自己是一个待人诚实的人吗？

患难之交源自诚信

知识点 千百年来，朋友之间，唯有真诚，方得患难之交。

友情虽不比黄金耀眼、不如铂金稀有，但堪比白银纯净无暇，而诚信就是防止白银被氧化变色的保护层，用一颗诚信之心待人方能找寻到同甘共苦的人生知己！

范张的鸡黍之交

《后汉书》里有这样一个故事，东汉时期荆州刺史范式（字巨卿）在太学读书时，和同学张劭（字元伯）是真诚相待、无话不谈的好朋友。他们知道，朋友之间最重要的是以诚相待、信守诺言。

范巨卿是山阳郡人，张劭是汝南郡人。太学结业后，他俩结伴返乡。一路上，他们谈论着一起读书时互相帮助、互相照顾的件件往事，难舍难分。一同走过了多日，终于有一天，他们两人要分别了。张劭流着眼泪说道："我们同学一场，情同手足。今日一别，不知何年何月才能再见？"

范巨卿安慰他说："元伯兄弟，你我是生死之交，生当再见，死当送行。你不要悲伤，咱们这只是暂时的分别。今天是九九重阳，两年后的今天，我一定会到汝南郡来与你欢聚！"张劭听后说道："一言为定，那我们就两年后的今天再相见！"说完，两人挥泪而别，各自踏上了回乡的路。

张劭回到家乡后，一直记着范巨卿临别时说过的话。一晃快两年了，离他们俩约定的日子越来越近了，张劭开始忙着酿酒和整理房间。

张劭的母亲不知缘由，看到儿子忙里忙外，于是就问道："元伯，你

这样忙着酿酒和整理房间，难道是有贵客要来吗？”张劭回答母亲说：“是的！娘，我忘记告诉您老人家了，我与在太学读书时的好友山阳郡的范巨卿在两年前分别时约好了，他在今年的重阳节要来咱家。眼看这日子快到了，所以我要赶紧准备一下啊！”母亲听了后笑着说：“你真是个傻孩子！山阳到汝南，千里迢迢。同学两年前的一句话，不过是在当时的场合随口说说而已，你怎么能当真呢？”

张劭说：“因为我和巨卿是同学，我了解他，他是一个非常讲信用的人。两年前他说今年要来，就一定会来。他是绝对不会失约的。”

很快，重阳节这一天到了。天刚亮，张劭就跑到村头去等候。这时，范巨卿风尘仆仆地赶来了。久别重逢，两人的手紧紧地握在一起，一时不知说什么才好。

过了一会儿，范巨卿才说：“我这次晓行夜宿，走了半个多月，可总算在约定之日赶到了。”张劭和范巨卿刚进院门，张劭的母亲就上前来嘘寒问暖，高兴地说：“巨卿，你千里迢迢来践约，可真是个信义之士呀！我儿有了你这样的朋友，是他的福气啊！”

范巨卿千里践约

范巨卿在张劭家住了十多天。在那些日子里，他们两人各自叙说了分别两年来的生活状况及对对方的思念，既回忆了已经逝去的美好时光，又畅谈了对未来生活的憧憬，而后再次分别。

后来张劭卧病不起，病情很重，不久便离开人世。范巨卿不顾旅途的遥远，日夜兼程地赶到张劭的家中为他送行。

可是范巨卿还没有赶到，灵车已经起程了。一会儿灵车就到了墓穴，人们马上要把棺材下葬到墓穴中去了。就在这时，传来马车的声音，其中夹

杂着悲戚的痛哭声。张劭的母亲望着车马说："这一定是范巨卿了。"来者果然是范巨卿，他当即下马，来到张劭的棺材前，磕头吊唁，一见棺木，不禁号啕大哭，边哭边说："元伯啊！你才华出众，志向远大，但壮志未酬，就这样走了，岂不让人肝肠寸断！元伯啊，你虽然不在了，但你我的友情还在，你将永远活在我的心里。今后，我一定要经常想着你我共同的志向，为国为民多做好事，以告慰你的在天之灵！"

此时参加葬礼的上千人，都为他们的别离而流下眼泪。范巨卿留在坟边，给张劭种了树，为他守墓三年，才独自离去。

范巨卿对朋友信守承诺的两则故事让我们感动，也让我们看到了诚信的宝贵。

知识链接

《后汉书》是一部记载东汉历史的纪传体史书，与《史记》《汉书》和《三国志》合称"四史"。书中分十纪、八十列传和八志，记载了从汉光武帝至汉献帝的195年历史。

动动手

请同学们说说自己和最好的朋友之间以诚相待的故事。

真诚待友

知识点　交朋友要以“诚信”为基础，不卑不亢。敢于直言指出朋友的不足，真诚对待朋友，才是真正的知己。

真诚待友，不仅仅是指信守对朋友的承诺，还指公平客观地评价朋友，不因关系的亲疏而抬高或贬低朋友，更不可有落井下石的坏心机。

曾巩诚实评友

曾巩是宋朝的一位大文学家。他为人正直宽厚，襟怀坦荡，对朋友一贯有什么说什么，直来直去。他和王安石在年轻的时候就是好朋友。王安石二十五岁那年，当上了淮南判官，他从淮南请假去临川看望祖母，还专门去拜见曾巩。对此，曾巩十分高兴，非常热情地招待了王安石，后来还专门赠诗给他，回忆相见时的情景。

有一次神宗皇帝召见曾巩，并问道：“你与王安石是布衣之交，王安石这个人到底怎么样呢？”曾巩不因为自己与王安石有着多年的交情而随意抬高他，而是很客观直率地回答说：“王安石的文章和言行确实不在汉代著名文学家杨雄之下；不过，他为人过‘吝’，终比不上杨雄。”

宋神宗听了这番话，感到很惊异，又问道：“你和王安石是好朋友，为什么这样说他呢？据我所知，王安石为人轻视富贵，你怎么说是‘吝’呢？”

曾巩回答说：“虽然我们是朋友，但朋友并不等于没有毛病。王安石勇于作为，而‘吝’于改过。我所说的‘吝’乃是指他不善于接受别人的批评意见去改正自己的错误，并不是说他贪惜财富啊！”

宋神宗听后称赞道："此乃公允之论。"也更钦佩曾巩为人正直，敢于批评。

心怀不轨失朋友

公元692年5月，武则天下令禁止杀生。左拾遗张德多年盼望有个儿子，恰在这一年老婆生了个大胖小子。他欣喜异常，在家中特意宰了一只羊，摆下酒宴宴请宾朋。席间，补阙官员杜肃偷偷塞了一只肉饼在袖口里，当夜上表武则天，告发张德不守臣规，违背了"禁止杀生"的命令，犯下大罪，请旨将张德罢官，关进大狱。

第二天早朝，武则天不露声色，慢慢地问张德："听说你添了个儿子，很高兴是不是？"张德以为是女皇关心他，非常高兴，立即跪地，叩头谢恩。跪拜后正准备起身，谁知武则天又问："你家里的肉是哪里来的？"这一问，吓得张德失魂落魄，立刻叩头不停，连呼"臣有罪！臣该死！"老老实实交代了自己杀羊庆贺的事，请求皇上网开一面。

参加张德家宴的那些同僚也吓得面如土色，一个个大气都不敢出，唯有打小报告的杜肃暗暗得意，认定武则天要大大地表彰自己，给自己加官进爵了。不料武则天冷冷地看了杜肃一眼，又转向张德说："我禁止天下杀生，意在不准追求生活过度奢靡。民间喜事、丧事，可以不在此禁令之内。你生儿子杀羊庆贺，没有罪，不过有一点，你以后交友，应该有所选择，不要交错人。"说完狠狠瞪了杜肃一眼。

杜肃听到这话，立即羞得满面通红，知道武则天在责备自己打小报告的事情，恨不得找个地缝钻下去。想到以后无脸面对张德，杜肃只好辞职回乡了。

张咏劝寇准

宋太宗的宰相寇准，同张咏是至交。寇准擅长谋略，有治国兴邦之能；张咏善诗文，有倚马可待之才。两人的共同特点是为人耿直、不卑不亢。

张咏在天府之国做官，饱览西蜀风光。且不说沃野千里，膏腴泽民，也不说人杰地灵，物华天宝，单说那股火辣的风情，也足以使张咏诗兴豪发，咀嚼一辈子还不够。张咏喜欢和同僚登高临风、一览无余，切磋阴阳八卦，抒咏豪情壮怀。一天，同僚们把话题扯到他和寇准身上："听说寇

准要当宰相了。你和他可谓是当今双杰。”

张咏并没有压人抬己、嫉才妒贤之意，真诚地说：“寇公奇才，可惜学术不足。”

后来，张咏从成都回来，拜访寇准。老朋友一见面，不作揖打拱，只拍肩相悦，问长问短。寇准摆下百禽宴，盛情款待他。过了一些时候，张咏要回成都了。分手前，寇准诚恳地请张咏赠言指教。张咏只说了句：“《霍光传》不可不读。”

送走张咏，寇准回家后立即找出《汉书》，翻到《霍光传》，逐字逐句往下读，直读到快完了，心头“咯噔”一下，“光不学亡术”一句进入眼帘。寇准恍然大悟：“这是张咏说我的缺点呀！”从此，寇准刻苦研读，成了忠贤皆备、文略俱全的好宰相。

张咏能够如此诚恳客观地对待即将高升的寇准，实在是至诚之人。

知识链接

唐宋八大家，是唐宋时期八大散文作家的合称，即唐代的韩愈、柳宗元和宋代的苏洵、苏轼、苏辙（苏洵、苏轼、苏辙父子三人称为“三苏”）、欧阳修、王安石、曾巩（曾经拜欧阳修为师）。

动动手

你最好的朋友是谁？你知道他（她）有什么缺点吗？

一诺千金

知识点

诚信待人，一诺千金。让诚信如美酒一般在他人和自己的心中越酿越醇。

相信我们每个人小时候都被教育过要信守诺言，古人用“一诺千金”来形容这种品德，可见中国传统文化对“诺言”的重视程度。

情同朱张

只有做到以诚待人、言而有信，才能得到别人的尊重和认可。

东汉时有两个人，一个叫朱晖，一个叫张堪。两个人原来并不认识，后来读太学期间，两人做了同学，结识后甚为投缘，慢慢熟悉起来。

太学学业结束，两人归家分手之时，张堪推心置腹地对朱晖说：“你是一个能够自持的人，倘若哪日我身体不好，乘鹤仙去，愿把自己的身家与妻儿托付于你！”朱晖忙道“岂敢岂敢”，但心里却非常感激，毕竟有人把自己当作生死之交，也是一件让人欣慰的事。

之后，两个人因为种种原因失去了联络。时光如水，没过多久，张堪去世了。张堪为人为官清正廉洁，家中少积蓄，妻儿生活非常拮据。正当他们为生活困窘发愁之时，朱晖闻讯赶来，向张堪的妻儿伸出援助之手。此后，朱晖不断地资助张堪的家人，年复一年地关心照顾他们。

朱晖的儿子十分不解，问道：“您过去和张堪并无深交，为何对他的家人如此厚待与关心呢？”朱晖感慨道：“我和张堪是彼此倚重、生死相托的朋友。”儿子更是纳闷：“既然你们是好朋友，怎么不曾来往？”朱晖

道："我与张堪虽来往不密，但是张堪在生前曾有相托之言。他之所以托付给我，是因为信得过我，我又怎能辜负这份信任呢？何况当时我嘴上虽然未置可否，心中却已答应。初时张堪身居高位，自然不需要我的帮助。而如今他不在了，其家人生活窘困，我又怎能袖手旁观？"

南阳太守很仰慕朱晖的为人，为了褒奖朱晖便想请他的儿子去做官。可是朱晖却想把这个当官的机会让给张堪的儿子，于是去找南阳太守说："谢谢你的好意，犬子才疏学浅，不适合为官。我倒想向你推荐一人，是我已故友人张堪的儿子，他学习刻苦，非常守礼仪，是个可造之才。"后来张堪的儿子果然没有辜负朱晖对他的信任，廉洁奉公，为人民做了很多好事。

朱晖后来官至尚书令，却从来不炫耀自己。他常常告诫儿子说："你不一定要学我如何做官，但务必要学我如何做人。"

这便是中国历史上有名的"情同朱张"的来历。这里并没有合同，没有文书，甚至没有一句公开说出口的承诺，然而朱晖却这么去做了，不计得失。这种深厚而纯真的情谊，实在难得。

太史慈如约而返

同样一诺千金的还有三国时期的大将太史慈（字子义）。

扬州刺史刘繇与太史慈是老乡。公元 195 年，自从太史慈离开辽东返乡后，两人一直没相见，于是太史慈便渡江去见刘繇，还没去孙策已经攻至了东阿。

有人劝刘繇任用太史慈为大将，来抗击孙策。刘繇却说："我若用子义，将军一定会笑我不识用人。"于是只令太史慈去侦察军情。

到了神亭，只带了一骑小卒的太史慈遇上了孙策。当时孙策共有十三队从骑，太史慈毫不畏惧地上前与之相斗。

孙策刺倒了太史慈的坐下马，更夺得了太史慈系在颈后的手戟，而太史慈也抢得了孙策的头盔。直到两家军队一齐到了神亭，二人才罢战。

后来，刘繇败给了孙策。太史慈护送刘繇逃到豫章。同时，孙策已经平定宣城以东一带，只剩下泾县以西有六县尚未平服。太史慈立即进驻泾县，屯兵立府。

后来孙策亲自攻讨泾县，他的手下终于抓住太史慈。孙策见到太史慈，立即为其解缚，握着他的手说："还记得神亭一战吗？如果你当时将我生获，你会怎样处置我？"太史慈说："不知道。"孙策大笑，说道："今后的路，我想与你一同闯荡。"便立即拜太史慈为门下督，回到吴国以后授给他兵权，拜折冲中郎将。

后来刘繇死在豫章，他部下的兵士数万人没了依附，孙策便命太史慈前往安抚兵士。左右皆说："太史慈这次北去一定不会回来了。"孙策却坚

定地说："子义他舍弃了我，还可以投奔谁呢？"于是替他饯行送别至昌门，临行前把着太史慈的手腕问："你何时能够回来？"太史慈答道："不过六十日。"

后来，太史慈果然如期而返。

关于太史慈降孙策一事，《吴历》中有另一段文字记载：太史慈在神亭战败，被孙策抓住。孙策一直仰慕他的名声，立即为他解缚请见，询问进取之术。太史慈答："被打败的将领，没资格与您论事。"孙策说："过去韩信能够定计于广武，今日我孙策也能向仁者询求解惑之法，你又怎么能推辞呢？"太史慈便说："扬州军近日刚被攻破，士卒皆离心分散，难复再合聚；慈愿意出去宣示您的恩惠，来安抚众人的心意，但只恐怕不合尊意而已。"

孙策竟跪下答道："这实在是我所希望的啊！明天中午，希望君能及时回来。"周围的将士都十分怀疑太史慈，只有孙策坚定地说："太史子义是青州名士，一向以信义为先，他绝对不会欺骗我。"

第二日，孙策宴请诸将，预先设下了酒食，将一根竹竿矗立在营中视察日影。至日中，太史慈果然依约而回。

知识链接

太史慈（公元 166—206 年），字子义，吴国名将。为人忠诚可靠。建安十一年（公元 206 年）太史慈病逝，死前说道："大丈夫生于乱世，当带三尺剑立不世之功；今所志未遂，奈何死乎！"言讫而亡，年四十一岁。

动动手

说说你的好朋友为你做的让你感动的事。

第4章

家以诚教 国以诚治

家有诚信

知识点

只有你对别人信守承诺，别人才会对你信守承诺。诚信，在家庭中同样是最宝贵的财富。

中国古代流传下来很多歌颂诚信的小故事，在家庭中，丈夫和妻子应以诚信筑家，也要用诚信教育子女。

曾子杀彘

曾参，春秋末期鲁国有名的思想家、儒学家，是孔子门生中七十二贤之一。他博学多才，德行高尚，且十分注重修身养性。

有一次，他的妻子要到集市上去，年幼的儿子也吵着要跟着去。曾参的妻子不愿带儿子去，便对他说：“你在家好好玩，等妈妈回来，将家里

的猪杀了煮肉给你吃。”儿子听了，非常高兴，不再吵着去集市了。

这话本是说着玩哄儿子的，稍后，曾参的妻子便忘了。不料，曾参却真的把家里的一头猪杀了。妻子从集市上回来后，气愤地对丈夫说：“我是哄儿子的，你怎么就真把猪杀了呢？”曾参说：“孩子是不能欺骗的！他不懂事，还没有辨别能力，接触最多的是父母，所以什么都跟父母学。你现在哄骗他，等于是在潜移默化地教他欺骗。再说，你现在欺骗了孩子，孩子以后自然也就不相信你了，你以后还怎么教育孩子？”

妻子听后惭愧地低下了头。曾参夫妻俩真的杀了猪给孩子吃，并且宴请了乡亲们，告诉乡亲们教育孩子要以身作则。

一个人的自我修养是从小培养的，父母起到很大的作用。所以诚信教育需要父母以身作则，给孩子树立好的榜样。

乐羊子妻

乐羊子的妻子是汉代洛阳有名的贤惠女子。她诚实善良、知书达理，虽然家境贫寒，但是非常自爱，从不拿别人的东西，甚至是捡来的也不要。

有一次，邻家所养的鸡误闯入乐羊子的园中，婆婆偷偷抓来杀了做菜吃。吃饭时，乐羊子的妻子却对着那盘鸡流泪，不吃饭。婆婆感到奇怪，问她原因，她说：“我是难过家里太穷，饭桌上吃的竟然是别人家的鸡。”婆婆听了大感惭愧，就把鸡丢弃不食。

还有一次，乐羊子在路上拾

到一块金子，回家给了妻子。妻子说："我听说有志之士不喝盗泉之水，廉洁的人不接受别人随便送的食物，何况是拾别人丢失的东西来获得利益。这岂不是玷污了名誉吗？"乐羊子感到非常惭愧，于是把金子丢到野外，并承诺到远处拜师求学。后来的乐羊子成为了一个赫赫有名的学者，而他妻子的美好品德也被人称颂了数千年直至现在。

"人不信于一时，则不信于一世"。诚信是最容易而又最不应该让人忽视的美德，我们应该把诚信作为人生中的一个准则，诚信待人，诚信待己。

知识链接

《乐羊子妻》选自范晔的《后汉书·列女传》。《列女传》共著录16人，都是东汉时期妇女中的著名人物。

动动手

诚信如金，我们应该如何看待它呢？

教子以信

知识点

诚信教育历来受到人们的重视，因为诚信是一个人立足社会的基石。

一个人长大后的为人处世一定程度上取决于他所接受的家庭教育。历史上教育子女要诚信的故事很多，为了子女成为一个诚信的人，故事中的母亲们言传身教，以身示范。今天就让我们来细说两则吧！

姚母教子

清朝乾隆年间，为官清廉的姚梁政绩累累，备受尊敬。这很大程度上得益于姚梁从小受到的家庭诚信教育。

有一年，朝廷赐封姚梁为察司，要他去各州府查办贪官污吏。姚梁的母亲得知这件事后，担心儿子胜任不了这桩大事，决定要考验一下姚梁。

一日黄昏，姚梁刚回到家，母亲劈头便问："梁儿，我中午煮了一大碗香蛋，好端端地放在橱内，晚上打开橱门一看，竟少了三个，莫非是媳妇偷吃了，你要替我查一查，我要对家贼施行家教，决不姑息！"姚梁听了不觉好笑，心想家人吃几个香蛋，也值得这么认真，于是便对母亲说："母亲，几个香蛋吃了就算了，不必追究吧。"不料母亲却认真地说："你连家中小事都不能查清楚，还怎么去各州府查案？"姚梁听懂了母亲的用意，随即找来几个脸盆、茶杯，盛上清水，将全家人聚拢来，分给每人一个脸盆，一只茶杯，吩咐大家一齐漱口，并把漱口水吐入各自面前的脸盆水中。

姚梁一个个地观察过去，别人脸盆的漱口水都是清的，唯有母亲脸盆的漱口水上漂着一些蛋黄屑。姚梁发觉吃蛋的不是别人，正是母亲。正在犯难时，母亲却在旁催促道：“梁儿，查到偷吃蛋的人了吗？”姚梁一脸尴尬，神情迷茫地说道：“母亲，孩儿查到了，不过……”母亲追问道：“不过要徇私是吗？”姚梁不得已只得壮着胆子说：“蛋是母亲吃的！”

姚梁的媳妇直怨他不该当众让老人家难堪。谁料，母亲却哈哈大笑，说：“你能诚实正直，公正无私，朝廷吩咐你去各州府查办的差事我便放心了。”不久，姚梁奉旨到各州府明察暗访，根据查到的实情，严办了一批贪官污吏，受到百姓和朝中大臣的爱戴与称赞。

以身立信，言传身教

唐朝有一个名叫李畲的人，他的母亲学识渊博，教子很严。在李畲很小的时候，母亲就非常注重对他进行学业和自身品德修养的教育。

后来，李畲在朝廷里做了监察御史，专门负责检查官员们在军事、政务等各方面的情况。母亲更是经常叮嘱他：做官要像做人一样，品行端正，诚信做事，莫谋私利。

一天傍晚，李畲高高兴兴地回家了，其身后跟着一辆大马车。李畲到家后没来得及见母亲，便呼唤家仆打开仓门，又指挥着他们卸车，把一袋袋粮食往仓房里搬。此时正在房间里看书的母亲被“哒哒”的马蹄声和嘈杂的说话声惊动了。她打开房门走到院中，想看看究竟发生了什么事情。

李畲看见了母亲，便迎上前去，告诉母亲："母亲，这是我从官家仓库里领回的薪水粮。"说话间，李畲脸上满是得意。李母没吭声，接着便在仓房和马车旁静静地转了一圈，发现一个月的薪水粮似乎有些多，便问衙役："送来的粮食是多少？"衙役答道："三十斗。"

"何止三十斗，我看只多不少。"李母量过之后，把儿子叫到一边，开始询问这是怎么回事。

李畲满不在乎地回答："母亲，我是当御史的，可能是他们装粮的时候忘称量了。"

李母又问道："那你雇的这辆马车，车钱是多少啊？"

"孩儿当御史嘛，雇这马车是不用付钱的。"李畲依旧一脸得意样。

"畲儿！"李母一下变了脸色，怒气冲冲地说，"你身为监察御史，检查的就是那些贪赃受贿的不法行为，而如今你以御史的官职占小便宜，这是中饱私囊；当我询问你时，你还不如实道来，准备欺瞒母亲，这更是不诚信的表现！"

李母喘了几口粗气，接着又说："我们李家几代为官，没有像你这样的。想当年，有人牵来成群的马和牛献给你的曾祖父，他老人家只不过喝了人家的一杯敬酒，一匹马、一头牛也没要。你父亲在世的时候，最讨厌那些贪赃受贿的人，他总是以公正诚信的做人准则严格要求自己。如今你这样做，对得起他们吗？"

没等母亲说完，李畲"扑通"一声跪在母亲的跟前："母亲，您别说了，孩儿知错了！"随即，李畲带着人把多余的粮食一粒不少地送回了官库，并照付了马车钱。

父母用诚信教

育自己的子女，为的就是让自己的孩子诚信待人，以诚立身。朋友们，我们是不是应该付诸行动，携诚信让自己的人生开出一朵璀璨之花呢？

知识链接

中国古代四大贤母：

孟母——孟子之母仉氏，战国时人。孟子3岁丧父，由母亲教养长大成人，并成为后世儒家追慕向往的“亚圣”，孟母也留下了“孟母三迁”“断杼教子”等佳话。

陶母——东晋大司马陶侃之母湛氏，她以教子有方和宽厚待人著称于世。

欧母——北宋文学家欧阳修之母郑氏，她意志坚强、人穷志不穷，靠自己辛勤劳动，养儿长大。

岳母——南宋抗金英雄岳飞之母姚氏，为母教典范和妇女楷模，在国家危亡之际，励子从戎，精忠报国，被传为佳话。

动动手

请同学们分享一下自己的母亲教导自己的故事。

最推崇的一种美德

知识点 诚信一直是中华民族最为推崇的一种美德。

中国是文明古国、礼仪之邦，重德行、贵礼仪，在世界上素来享有盛誉。自古以来，“仁、义、礼、智、信”集中反映了中华民族的优秀道德精神和核心价值观。

齐桓公信于仇寇

春秋时的齐桓公是个志向远大的君王。据记载，春秋时期，齐桓公攻打鲁国。鲁国人不敢轻易应战，在距离鲁国国都五十里的地方封土为界。鲁国请求投降，表示他们会像齐国国内的封邑大臣一样听命于齐国。曹刿对当时鲁国的国君鲁庄公说：“您愿意国家灭亡，自身不保，还是愿意用国家的灭亡换取自己的安逸？”

鲁庄公说：“你这话是什么意思？”

曹刿回答：“您若听我的话，国土必定会扩大，您自己必定会安全快乐，这是生而又生的办法；您若不听我的话，国家必定灭亡，您自己必定身处耻辱之中，性命也会不保，这是死而又死的办法。”

鲁庄公说：“我听从你的话。”

于是，鲁庄公按照曹刿的建议，在第二天和齐桓公会见的时候，和曹刿各自怀揣宝剑来到土坛上。鲁庄公左手抓住齐桓公，右手抽出剑来对着自己，说道：“本来鲁国国都距离国境几百里，而现在只剩下五十里了。这五十里土地和一寸土地没有什么两样，鲁国根本没法生存。丧失国土也是

死，和你拼命也是死，我就死在你面前算了。”

齐国的大臣管仲和鲍叔想要上前阻拦，曹刿手按着剑挡住他们说：“两位君主要另做打算，谁也不准上前。”

管仲对齐桓公说：“大王应该牺牲土地保护自己，而不是牺牲自己保住土地。大王就答应他吧！”

于是，齐桓公就答应了鲁庄公，和鲁庄公订立了盟约，答应还给鲁国四百里土地。

齐桓公回到齐国后，又不想把土地还给鲁国了。

管仲说：“不行！人家要劫持您想和您订立盟约，您事先却没想到，这说明您并不聪明；你面临危险，却不得不听从人家的威胁，这说明您并不是十分勇敢；您答应人家却又不想实现诺言，这说明您并不讲信用。作为一个国君，既不勇敢、又不聪明、现在又想不讲信用，失去了这三点，还会有谁服您呢？您还给鲁国一些土地，却能换得诚信的美名，这比四百里土地要有价值得多。”

齐桓公听了，不但没有生气，反而觉得管仲说的很有道理，他想了想说：“鲁庄公和曹刿都是齐国的仇人，如果我对仇人都讲信用，这就说明我会对其他人更讲信用。这样天下人都知道我是诚信君子，就都会信任我了。”

于是，齐桓公决定遵守诺言，按照盟约还给了鲁国四百里土地。果然，齐桓公“信于仇寇”的事情传出去后，诸侯们都很敬重他的人品，许多人都自愿归顺他。后来齐桓公成了“春秋五霸”之一。

由此我们可以得出启示：诚信让人声名远扬，诚信让人受到尊重。

知识链接

齐桓公（公元前 716—公元前 643），春秋时齐国国君。他姓姜，名小白，为僖公三子、襄公之弟，在位时任用管仲改革，选贤任能，加强武备，发展生产，并号召“尊王攘夷”，助燕败北戎，援救邢、卫，阻止狄族进攻中原，使国力日渐强盛。他联合中原各国攻楚之盟国，与楚在召陵（今河南郾城东北）会盟，又安定周朝王室内乱，多次会盟诸侯，成为中原霸主。

动动手

关于春秋战国时期的故事，你还知道哪些与诚信有关的？

以诚育人

知识点 孩子是民族的未来，在孩子的心里播下诚信的种子，将使他们受益终生。

父母是孩子最好的老师，诚信的父母也会以诚育人。本文中梁父和陈父对孩子的谆谆教诲都是诚信教育最好的实例。

梁国志教子

梁国志是清朝乾隆年间人，从小就非常聪明好学。可是他家里很穷，父亲想让他放弃学业，做些小生意来养家糊口。梁国志为此苦苦哀求父亲，让他再读几年书。街坊邻居见了，也觉得梁国志不读书太可惜了，就帮着说情，有的还愿意帮他出学费。父亲也盼着将来儿子能有些出息，于是答应让他继续学习。

全村的人都盼望着梁国志将来能有出息，小国志也知道自己一定不能辜负乡亲们的期望，学习也更加努力了。

公元1741年，年仅17岁的梁国志就中了举人；24岁那年，他又中了状元。梁国志在朝廷当了官以后，不忘家乡父老，经常用自己的俸银为乡亲们办事。无论在哪里当官，他都替老百姓着想，受到老百姓的好评。

梁国志擅长书画。人们若是得到他的书画作品，都当作宝贝收藏起来。他的儿子受他的感染，很小的时候就对书画产生了兴趣，吵着让梁国志教他画画。

一天，儿子又拿着画笔来找父亲，还弄得满脸都是墨汁。梁国志见了就想笑，帮儿子擦了擦脸，然后语重心长地对儿子说：“学作画之前，要

先学会做人，没有人格的人永远也不会成为优秀的画家。”

儿子抬起幼稚的小脸，疑惑地问爸爸：“画画就画画呗，和做人有什么关系？”

梁国志说：“一个真正的画家，是用心在画，而不是用笔在画。如果你是一个诚实、正直的君子，你的画也就会充满正气。”

儿子眨眨眼睛，似懂非懂。于是梁国志就给他讲宋朝大奸臣秦桧的例子。他说：“秦桧其实是一个很有才华的人，他的书法相当好，可他是历史上有名的奸臣，品行十分恶劣。他死了以后，人们一听到他的名字就咬牙切齿地骂他，没有人愿意收藏他当时留下的书法作品，都认为留着他的字会带来灾难，他的作品不是被撕毁就是被人用火烧掉。他的字现在留下的已经很少了，人们讨厌他的字其实是讨厌他这个人。”

儿子点点头，好像听明白了。梁国志又说：“诚信是做人的第一步，不说谎话、讲信用的人，才能挺起胸脯光明磊落地做人。”

儿子听了，牢记父亲的教导，一生坚守诚信的品格，后来真的成为一名深受人们喜爱的画家。

君贤教子

东汉时，有一个叫陈君贤的人。一天，陈君贤 12 岁的小儿子陈爵和好朋友陈挺在湖边钓鱼。忽然，陈爵看到湖边的水中好像有个黄色的罐子，就想把它捞出来看个究竟。于是，他脱了鞋挽起裤脚，下到水里去捞。

陈挺见他下到了水里，就大声地喊道："陈爵，你跑到水里干什么呢？"陈爵听到陈挺的喊声，就说："这儿有个大罐子，挺沉的，赶紧过来帮忙！"

经过一番努力，两个人终于将罐子捞起，刚打算上岸，不料手一滑，罐子又掉进水里了。很快，他们发现水底铺着一层金灿灿的五铢钱，数量很多，至少有好几百枚。他们俩赶紧弯下腰去捞那五铢钱。不一会儿，两人一人捧着一捧五铢钱，高高兴兴地回家去了。

陈爵回到家里，对陈君贤说："爹，你看，我捡了这么多钱！"陈君贤看了大吃一惊，问儿子："你是在哪儿捡的？这可是黄金啊！"陈爵就把刚才和陈挺钓鱼的事告诉了爹爹。陈君贤说："赶快带我去看看！"

一会儿，陈君贤父子就跑到了湖边，发现水中还有很多金器，就又下水去捞。村民们听说湖里有黄金也都跑过来了。大伙儿一共捞出了十几斤黄金。

这么多金子该怎么办呢？陈君贤把儿子叫到跟前，问道：“儿子，你说这湖是咱们自家的还是公家的？”陈爵说：“当然是公家的！”陈君贤又问：“既然是公家的，那么，在湖里捞到的金子是应该自己藏起来呢，还是应该交给官府呢？”陈爵想了想说：“应该交给官府。”

陈君贤高兴地说：“你真是个懂事的好孩子。做人就应该诚实，不是自己的东西，再好、再贵重也不能要。咱们可不能为了这些黄金而忘掉了比黄金还重要的诚实啊！”

接着陈君贤又劝说各位乡亲，最后大家都同意将这些金子全部交给官府。当时的皇帝汉明帝听说这件事后非常高兴，特地下了一道诏书，表彰他们拾金不昧的事迹，并且奖励了他们。

知识链接

古代稍有文化的家庭对孩童的启蒙教育就是使之熟读《弟子规》。《弟子规》，原名《训蒙文》，以三字一句，两句一韵编纂而成，分为五个部分，具体列述弟子在家、出外、待人、接物与学习上应该恪守的守则规范。

动动手

我们的父母是怎样教育我们守诚信的呢？

君诚臣信

知识点 诚信是一个国家立足于世界的根基，无信之国必将走上破灭之路。诚信又是一个人的立身之本，有诚之人方显人格之美。

历史上的盛世王朝，多半都有一位贤明的君王；一个地区的繁荣稳定，也和当地的管理者以身作则，公私分明的行事作风有关。

“罪己诏”示国信

唐太宗在位期间不仅善于纳谏，精于用人，而且也注重自身的修养，以国家法律严格约束自己，以诚治国。

一次，有个叫党仁弘的大将做广州都督时，贪污了上百万的钱财。这件事被人告发后，主管司法的大理寺依法判他死刑。唐太宗很器重党仁弘，认为他是个非常难得的人才，舍不得杀他，于是便下了一道圣旨，取消了大理寺的判决，改成撤销党仁弘职务、流放边疆。

之后，唐太宗心里感到很不安，觉得自己出于个人感情，置国家法律于不顾，是不诚信的。于是他把大臣召到金殿上，心情沉痛地向大家检讨说：“法律是皇帝按照上天的旨意批准制定的，皇帝应该带头执行，而不能因为私念，不守法律，失信于民。我因私念袒护党仁弘，赦免了他的死罪，实在是以私心乱国法啊！”

有些大臣听后劝诫皇上不必太自责，但唐太宗说完以后当场宣布，由于自己的不诚信，他将亲自到京城的南郊去，住草房，吃素食，向上天谢罪三日。

这下，满朝的大臣都吃惊了，感到唐太宗为这点事，竟然要这样做，实在不妥，于是纷纷跪下劝阻。丞相房玄龄对唐太宗说：“皇帝是一国之主，生杀大权是皇帝掌握的，陛下何必把这件事看得这样重，内疚自贬到这种程度呢？”

唐太宗并没有因为大家的劝说、宽慰而原谅自己。他继续说：“正因为皇帝是掌握生杀大权的，才更应该慎重认真，严格地按照国家法律办事呀。而我却没有听从大理寺依法判决的正确意见，反而不顾法律一意孤行，这怎么能原谅自己呢？”

大臣们一直跪在地上阻拦皇上直到天快黑，唐太宗见大家极力劝阻，不让他去郊外，便感慨说道：“你们不要跪在地上了，快起来吧。我决定暂时不到郊外向上天谢罪了。但是，一定要下诏书，把自己的罪过公布于天下！”

说着就毅然拿起笔来，写了一道“罪己诏”。唐太宗在“罪己诏”中检查说：“我在处理党仁弘之事上，有三大过错，一是知人不明，错用了党仁弘；二是以私乱法，包庇了党仁弘；三是赏罚不明，处理得不公正。”唐太宗向大臣们宣读之后，立即下令，将他的“罪己诏”向全国公布。

唐太宗作为一个国君用自己的言行践行了诚信。

饮泉自誓

东晋吴隐之做官饮“贪泉”，自誓不做贪官。

隆安年间，吴隐之被任命为广州刺史、龙骧将军、假节，兼平越中郎将。

当时的广州地区开发得比较快，又是个群山接连大海，奇珍异宝出产丰富的地方。据说一小箱子的珍宝就可以供几代人花费。虽然那里常有瘴气传染病，使人们非常恐惧，然而，广州刺史确实是个引人注目的职务。前些年，历任几位刺史都贪污受贿，到卸任时满载而归。

东晋朝廷想要革除广州的这些政弊，于是任命吴隐之为刺史。

当地有条北流叫做“贪泉”。据说，这贪泉的水是喝不得的，只要一沾嘴唇，就会在心里萌生无底的贪欲。有的还说，某任刺史多年廉洁自爱，只因误喝了“贪泉”水，结果犯了贪污罪。

吴隐之赴任途中，带着妻子和随从来到城北的“贪泉”旁，径直俯身从泉中舀了一杯水，当众一饮而尽，并赋诗一首：“古人云此泉，一饮怀千金，试使夷齐饮，终当不易心。”意思是说，古人称这水叫贪泉，喝一口会有想得千金的欲望，然而，如让伯夷、叔齐来喝，他们的节操是始终不会变的。

果然，吴隐之说到做到。到任后，他对自己及家属督责更严。他生活

很简朴，常常只用青菜或干鱼下饭，经常教育亲属和部下不能铺张浪费，更不能占用公家一点便宜。他除了维持简单生活以外，一切收入都缴给国库，对政务则是不辞辛苦、昼夜操劳。

吴隐之为官几年，广州地区繁荣昌盛、民众康乐。百姓们称他是一心为国为民的“清官”。他卸任北归时，除了带来的简易行装外，几乎没有什么添置。妻子买了一斤沉香，打算回去后换点钱贴补生活，被吴隐之发现了，他问明情况，将沉香投入江中。

吴隐之不仅饮泉自誓，以诚信践行自己的承诺，还严格要求自己的亲属与部下。他用自己的一言一行给我们树立了讲诚信的榜样。

知识链接

吴隐之（？—414），字处默，生于东晋后期，曾任中书侍郎、左卫将军、广州刺史等职，官至度支尚书，著名廉吏，于义熙八年（公元 412 年）告老还乡，授光禄大夫，加金章紫绶，赐钱 10 万，米 300 斛，卒后追赠左光禄大夫，加散骑常侍。

动动手

“贪泉”有两处，一处在广东省从化市，一处在湖南省郴县。同学们有兴趣可查查资料了解一下。

拒绝贿赂

知识点 为官之人的诚信，从他们面对贿赂的态度上便可以看出。拒绝贿赂，在诱惑面前要讲诚信、清醒做人。

一生中，我们可能会遇到大大小小的诱惑，在面对诱惑时，你是否能像本文中的子罕和杨震一样保持清醒，坚守做人的准则呢？请时刻记住：诚信是我们一生的财富，诚信是无价的瑰宝。

子罕辞玉

夕阳的斜晖淡淡地抹在宋国某地的官衙屋顶上。官衙内，子罕正在静静地翻读竹简。他在这里做地方官已经有许多年了。四乡的百姓都很敬重他。因为他为官不贪不占、廉洁清正。

“大人！”一个中年工匠诚惶诚恐地走进大厅，怯生生地叫道。“噢！”子罕卷上竹简，问道：“天已黄昏，本官已不升堂，你匆匆而来，莫非有什么要紧大事？”“大人！我并没有什么要紧大事。大人在这里为官多年，为民造福四方，百姓受惠良多。小人上月在本乡南山采挖到宝玉一块。为表示对大人的敬慕之情，特向大人敬献宝玉，万望笑纳！”

“这……这怎么可以！我拿了这块宝玉是毫无用处的。”子罕说道。

中年工匠以为子罕不懂玉的价值，赶紧解释说：“大人，你不要看这块璞玉其貌不扬，其实是宝贝。我曾经拿它给玉石工看过，玉石工认为是价值千金之宝玉。收下吧，大人！”

子罕见工匠误会了自己的意思，便正色说道：“我一向把‘不贪’当作宝物，你把宝石当作宝物。如果把它给我，岂不是你我都失去了自己的

宝物了吗？你还是把它拿回去，这样你我都能保留自己的宝物了。”

子罕的一番话说得中年工匠面露愧色。他低头沉思了一会，抬起头来，满脸惶恐难堪之色，缓缓说道：“大人！小民献玉，事出有因。近日乡下盗贼蜂起，富豪人家连连遭抢。我在南山挖得宝玉，四乡皆知。我若把玉留在家中，难免遭强盗抢劫，甚至招来杀身之祸。如果献给大人，一则表示敬意，二则可免杀身之祸。”

子罕明白了中年人的苦衷，就把他安置在城里居住。第二天他又命玉石工把这块璞玉拿去打磨。不一会儿玉石工匆匆跑来，边跑边喊，“大人！果然是块宝玉！你看，色泽晶莹，光泽柔和，世上少有，可谓价值千金。”子罕听了连忙命人把这块宝玉拿去卖了一大笔钱，然后把钱交给中年工匠。子罕说：“你现在可以安心地回去了，宝玉换成了钱，你拿去藏着慢慢花吧！乡下也不会有强盗来抢老百姓的财物了。因为我昨晚已派人督察乡里，加强缉盗，保证百姓生活安宁。”

中年工匠千恩万谢，欢天喜地怀抱大笔金钱回家去了。“子罕辞玉”

作为廉洁正直的佳话就一直流传下来，为后世所传颂。

杨震拒金

东汉时，杨震前往东莱郡赴任，途经昌邑县，他以前举荐的荆州茂才王密正好在昌邑任县令。

晚上，杨震坐在驿馆的房间里，对着灯烛习惯性地拿出一本书来看，忽听敲门声。“谁呀？”杨震心想，这么晚了，谁来找我呢？开门一看，原来是王密，杨震十分高兴，忙把他拉到屋里坐下。“老师，这么晚了您还在看书呀！”“是呀，孔老先生说，温故而知新，有些好文章越读越有体会啊！”“是，是。”王密连忙点头。

这时，王密把一个沉甸甸的包裹拿出来放在桌上。杨震笑着问，“又送我什么土特产呀！”当年王密在家读书时，一次来向杨震请教问题，带了几斤自家腌制的萝卜干，对杨震说自己家里不富裕，没有什么好东西，

只能把亲自动手腌制的咸菜送给老师。当时杨震颇为感动，就收下了。

王密打开一层层包裹，露出一只十分精致的木匣子。紧接着，他打开木匣子上的铜锁，露出满满一箱子亮闪闪明晃晃的十锭金元宝。望着一箱金子，杨震觉得自己的人格受到了侮辱，又气又急，严肃而不失温和地批评他说："我过去了解你，但你却不了解我这个老朋友，这是为什么呢？"王密说："夜里是不会有人知道的。"杨震说："天知，地知，你知，我知，怎能说无人知道呢？"坚决地拒绝了这份厚礼。王密惭愧地低下头，锁好箱子，打起包裹，默默地离开了驿馆。

望着远去的王密，杨震摇摇头，叹了口气。

知识链接

茂才，即秀才。东汉时，因避刘秀讳，改称秀才为茂才。汉代，还没有通过考试层层选拔人才的科举制度，主要是由地方官吏举荐人才。茂才，是汉代荐举人才的科目之一，也指那些被举荐的才能出众的人。

动动手

你还知道历史上哪些清廉为官的故事？

为政之魂

知识点

“国无信不强”。“诚实守信”是“国格”的体现，是从政执政的基本要求，是人民拥护、支持政府的一个重要支撑，也是国家繁荣兴盛的重要力量。

诚信对个人而言，体现的是个人的道德修养；诚信对治国而言，体现的是公正。

明君以信治国

先秦儒家重视以诚信为基本内容的修身之道，对中国历史产生过重大影响，受到从天子到庶民百姓的高度重视。

鲁僖公二十五年（公元前634年），晋国攻打小国原国。晋文公命令部队携带三天粮食，说三天打不下来就撤军30里。到第三天，原国还是没投降，晋文公便下令撤退。

这时，晋文公派往原国的间谍回来报告，说原国正准备投降。于是，军队统帅请求晋文公等原国投降后再撤。但晋文公说：“信用，是立国的根本。如果为了得到原国而失去信用，百姓失去了依靠，那我们会得不偿失的。”

于是，晋军就按晋文公命令撤退了30里。即使不是给对方的承诺，只是自己说过的话，晋文公也做到了军令如山，言出必行。

北宋时期的宰相王安石有诗曰：“一言为重百斤轻”。也是指出诚信的重要。

古代圣王禹、汤循义讲信而天下大治；暴君桀、纣背信弃义而天下大

乱。由此可见诚信是治国之本。

宋就诚心动楚人

梁国有一位叫宋就的大夫，曾经做过和楚国相邻的一个边境县的县令。

梁国的边境兵营和楚国的边境兵营都种瓜。梁国戍边的人勤劳耕作，经常浇灌他们的瓜田，所以瓜长得很好；楚国士兵懒惰，很少去浇灌瓜田，所以瓜长得不好。因此，楚国县令常常怒斥楚国士兵没有把瓜种好。楚国士兵心里忌恨梁国士兵瓜种得比自己好，于是夜晚偷偷去翻动他们的瓜，使梁国的瓜总是枯死。梁国士兵发现了这件事，于是请求县尉，让他们偷偷前去报复。

县尉就这件事向宋就请示，宋就说："唉！这怎么行呢！结下了仇怨，就会是惹祸的根苗呀！要让我教给你办法，那就是你每晚都派人过去，偷偷地为楚国浇灌好他们的瓜田，并且不要让他们知道。"

于是梁国士兵就照着宋就说的去做。没多久，楚国士兵早晨去巡视，发现瓜田都已经浇过水了，瓜也一天比一天长得好了。楚国士兵感到奇怪，就注意查看，才发现是梁国士兵干的。楚国县令听说这件事很高兴，

于是详细地把这件事报告给了楚王。

楚王听了之后，感到非常惭愧，于是告诉主管官吏说："调查一下那些到人家瓜田里捣乱的人，他们还有其他罪过吗？这是梁国人在暗中责备我们呀。"楚王命人拿着丰厚的礼物，向宋就表示歉意，并请求与梁王结交。

知识链接

春秋战国时代是一个以血与火为时代特征的社会，战斗技巧与勇敢精神得到广泛的崇尚。据《春秋谷梁传》记载，在田猎的时候讲习武事，是礼仪中的大事。田猎还规定，禽兽跑出所设定的田猎范围之外，就不再追杀，这是取战争中不追杀奔跑的败军之义。射中的禽兽如果伤在面上、头上，就放掉不要，取"不杀投降之人"的意思；射中的禽兽太小，也放掉，取"不虐幼小"之意。勇武作为一种社会规范，已经成为春秋社会男性角色的重要内容。

动动手

如果你的朋友或亲人触犯了法律，你会怎么做？

来自“书”中的诚信

知识点

我国历史上许许多多正直诚信的人们为了坚守心中那一份诚信，宁愿用生命来捍卫。

历史上大臣直言进谏的故事数不胜数，他们为人刚正不阿，以诚信为使命，敢于冒死说真话，着实令人钦佩！本文就为大家介绍两则。

孔僖上书自辩

孔僖，字仲和，东汉时期鲁国（郡国名，治所在鲁县，即今山东曲阜）人，曾任兰台令史，掌管章奏及印工文书。

汉章帝时，孔僖与博学多才的崔骃同在太学学习。有一次，他们二人一起谈论孝武皇帝，说孝武皇帝刘彻开始做天子时，尊崇信仰圣人的治道，五六年间，声誉超过了汉文帝刘恒、汉景帝刘启，后来他却放任自己，忘了以前的优点。

不想这些话被邻屋的一个名叫梁郁的学生听到了。梁郁上书皇帝，汇报“崔骃、孔僖二人诽谤先代皇帝，讥讽当今皇上”。汉章帝知道这件事后，就命人去查办。崔骃去见官吏，接受讯问，孔僖则上书辩护。

孔僖在书中严正地写道：

“臣十分愚昧，认为一般所谓诽谤，就是说实际没有这事而凭空污蔑他人。至于孝武皇帝，他政绩的好坏，早已明确地记载在汉史上，清楚如同日月。我们的谈论，是直说史书上的事实，不是凭空诽谤。皇帝做的事情，天下人没有不知道的，这都是有来由的。

“再说陛下您做皇帝以来，政教方面没有什么过失，对人民有恩惠，

这是天下人都知道的事，我们何必要讥讽呢？如果我们批评的是实际情况，那么您就应该诚心改正。倘若说得不妥当，您也应该包涵宽容，又有什么罪呢？陛下您不推寻根本大计，做深远的打算，竟纵容身边的人诽谤。我们死不足为惜，可是天下的人一定会从我们这个事件中，窥测到陛下的心思，从今以后，假如见到有什么不对的事，再也没有人去说了。

“陛下应该听说过，春秋时齐桓公俘获了管仲，听说他有治国大才，便盛礼相待。谈话间，齐桓公指出襄公在世时，筑高台，好狩猎，贪女色，侮贤士，国政搞得很糟，并问以后应该怎么办。管仲提出了一套治国的办法。此后，齐桓公就依照管仲提出的办法来治理国家，群臣也为国家尽心尽力。现在陛下您居然打算为先帝隐瞒事实，阻塞正当的言论，难道不是跟齐桓公的做法相反吗？

“我这一次，恐怕会被定成罪状，臣负屈含冤，不能自己申诉；假使后代评论者据此擅自将陛下您比作什么样的君主，难道要让您的子孙再来掩盖事实吗？我现在小心郑重地来到皇宫门前，恭敬地等候您严厉的处罚。”

汉章帝看了孔僖的奏章以后，深深认识到孔僖的诚实与衷心，于是下令不予追究。

朱云上书冒死责奸臣

汉朝时，朱云曾在槐里县（今陕西兴平县东南）当县令，因批评丞相韦玄成而丢官，于是上书给汉成帝刘骜，请求谒见。

皇上恩准后，朱云当着公卿大臣的面义愤填膺地说道：“现在的朝廷大臣，对上不能纠正君主，对下不能有利于人民，都是占着位子白吃饭的，就像孔子所说的那样，‘庸俗的人不可以辅佐国君，假如总担心失掉官职，那就什么坏事都做得出来。’我希望皇上赐给我一柄上方斩马剑，杀一个擅长谄媚的大臣，来警诫其他人！”

汉成帝刘骜问他：“你要杀谁呀？”朱云回答说：“安昌侯张禹！”

汉成帝刘骜一听朱云要杀之人是安昌侯张禹，勃然大怒道：“你个小小臣子，身居下位而毁谤上级，竟敢在朝廷之上侮辱我的师傅，定死不饶！”

御史见此情景，拽着朱云就往殿下走。朱云用手扒着殿边的栏杆不走，呼喊着说：“小臣我能够和龙逢、比干（龙逢是夏朝末年的大臣，夏桀暴虐荒淫，他多次直谏，被桀囚禁杀死；比干是商朝贵族，纣王的叔父，相传因屡次劝谏纣王，被剖心而死）相见于九泉之下，心满意足啦！可不知道圣明的汉王朝将会有什么下场！”由于朱云一直用力扒着栏杆，

结果把栏杆都扒断了。

当时，左将军辛庆忌脱下官帽，解下了官印和绶带，在大殿之上磕头说:“朱云一向以任性直率著称。假如他说的对，就不能杀他；他说的不对，也应该宽容他。臣斗胆以死相谏！”

辛庆忌磕头磕得直流血，皇上的怒气消除了，这才收回了成命。

后来宫里人准备修理坏了的栏杆时，皇上说:“别换新的了，就拼补原有的，以此来表扬直臣吧。”

知识链接

上书的含义：向君主进呈书面意见；给地位高的人写信。

战国以前臣僚向君主进呈文字，统称“上书”。古代“言笔未分”之时，不分君臣，互相来往都用书，秦虽改“书”为“奏”，但因为离古代还不太远，所以仍然有人用“书”。唐代偶尔用“书”作为外交文书的一种。

动动手

同学们还知道中国古代哪些冒死上书进谏的例子，与大家分享一下。

第5章

为商处世
诚以概之

“不贪”也是诚

知识点

生活中处处充满诱惑，遇见诱惑仍能恪守君子之道，不贪图一点小小的利益，也是诚信的表现。

想让别人真心对待你，就必须先学会怎么用一颗真诚的心对待别人。

“半两”米行

从前，县城里开着两家米行，一家叫“宏昌”，一家叫“永裕”。“永裕”米店的老板看生意不好做，便想出个多赚钱的主意。

这天，他把调秤师傅请到家里，避开众人，对他说：“麻烦师傅给调一杆十五两半一斤的秤，我多付你一笔费用。”调秤师傅为了多得这一点小钱，竟然也丢掉职业道德，一口应允。

米店老板有四个儿子，小儿子三个月前娶了媳妇，这时新媳妇正在屋里做针线，老爷对调秤师傅说的话全被她听见了。

看到老爷离去，新媳妇沉思了一会儿，走出房间对调秤师傅说：“我父亲年纪大了，有些糊涂，刚才一定是把话说错了。请师傅调一杆十六两半一斤的秤，我再付你两倍费用，你不要告诉任何人。”

调秤师傅为了再多赚两倍的钱，自然也答应下来。一杆十六两半一斤的秤很快制成。

一段日子过去了，“永裕”的生意日渐兴隆起来，“宏昌”米店的老主顾也纷纷转到“永裕”买米，而斜对门的“宏昌”米店则基本无人问津。

到了年底，“永裕”米店发了大财，“宏昌”米店无法继续经营，只

得把米店卖给了“永裕”。

大年三十晚上，全家人围在一起吃饺子。老爷心里高兴，出了一道题给大家猜，看谁猜得出“永裕”发财的奥秘。众人七嘴八舌，有说老父亲管理有方的，有说米店风水好位置佳的，也有说是全家人齐心协力的……

老爷笑着说道：“你们说的都不对。我们靠什么发的财？是靠店中的秤！我们的秤十五两半一斤，每卖一斤米，就少给半两，每天卖得越多，就赚得越多，日积月累，‘永裕’就发财了。”接着，他把年初多花一点钱调整十五两半为一斤秤的过程述说了一遍。

儿孙们听后，都赞老人家高明，说他不显山露水，连自家人都没察觉。老东家高兴极了，把胡子捋了一遍又一遍。

这时候，小儿媳从座位上慢慢站起来，对公公说：“我有一件事要告诉父亲，希望父亲能原谅我。”

老爷点了点头，新媳妇不慌不忙地把年初多花两倍钱调整十六两半为一斤秤的经过讲给大家听。

新媳妇说：“父亲说得对，我们是靠秤发的财。我们家的秤每斤多半两，顾客就知道我们做买卖实在，就愿意买‘永裕’的米，‘永裕’的生意就兴旺起来。尽管每一斤米少赚了一点利润，可卖得多了，获利就大了。我们是靠诚实无欺发的财呀！”

众人一阵惊讶，都张大了嘴巴。老爷不相信这是真的，叫人拿来每日卖米的秤一校，果然每斤十六两半。老爷子呆住了，一句话也说不出，慢慢地走进自己的卧室。

第二天是大年初一，老爷把全家人召集到一起，从腰里解下账房的钥匙说：“我老了，不中用了。我琢磨了一夜，决定从今天起，把店铺的经营大权交给老四媳妇，往后，全家人都听她的……”

知识链接

半斤八两：八两，即半斤，旧制一斤为十六两。半斤、八两轻重相等，比喻彼此不相上下。

动动手

你平时会贪小便宜吗？你认为什么叫作“贪小便宜”？

商道有信胜千金

知识点

“商道即人道”，诚信是企业伦理最重要的内容之一，在激烈的市场竞争中，商家的制胜之道是坚持诚信为本。

商道不是简单的“一手交钱，一手交货”，要想成为一名优秀的商人，诚信常常是通往成功之路最坚固的基石。

诚信是经商最重要的资本

春秋时期的大商人范蠡来到齐国，准备白手起家做生意。他明白，自己没有本钱又想赚钱，唯一的资本就是信用。只要用信用获得了齐国人的认可，他就可以将齐国人暂时吃不了的粮食运到燕国贩卖，再从燕国贩运当地土特产到齐国，从中牟利。

范蠡开始到处借钱。开始，他只借半金，每次只借一天，渐渐地，他开始每天借一金，每次借五天，并且对于每次借给他一金的人，在原数奉还的同时，还附送一点小小的礼物作为报酬，有时候是一条鱼，有时候是一只雁。过了不久，范蠡借款的数目越来越大，最后发展到借万金，一年还清，并付利息。

就这样，范蠡逐渐积累自己的信用度。两年之后，范蠡了解到北方的燕国遭受旱灾，粮食当年几乎颗粒无收，于是，他以高于当时齐国市场的粮价，向齐国人借粮，借期六个月。消息散发出去后，很多齐国人甚至将家里的口粮都借给了范蠡。范蠡就靠着这些资本，在燕、齐两地经营异地贸易，大获成功。其事迹甚至被司马迁写进史记，成为中国商人入史的第

一人。

此外，民间还有一则“只赚一文钱”的小故事。

古时候，有个叫赵二的年轻人在集市上开了间酒馆，并取名为“实惠酒家”。

开始的时候，“实惠酒家”的酒碗大、酒香、价钱便宜，的确让顾客感到很实惠。每天生意兴隆，客人爆满，不到天黑，酒就卖完了。赵二看在眼里，乐在心里。后来，他就动了歪点子，把大碗变成小碗，并且欺骗客人说在酒里加了名贵的中草药。

客人相信赵二的话，纷纷来买酒。赵二的生意比原来更好了，赚了更多的钱。尝到甜头后，赵二又往酒里加水，而且越加越多，几天后，客人越来越少了。

一天，一位白胡子老头走进来问赵二：“你这店里怎么会这么冷清啊？拿笔来，我告诉你一个秘方。”赵二拿来纸笔，老头只写了两个字：“诚信”。赵二明白了自己的错误，感到十分愧疚。于是把酒店改为“只赚一文钱”。从此赵二诚实经营，坚持一碗酒就赚一文钱，酒店生意又渐渐兴隆起来。

诚信的意外收获

一个顾客走进一家汽车维修店，自称是某运输公司的汽车司机。“在我的账单上多写点零件，我回公司报销后，有你一份好处。”他对店主说。但店主拒绝了这样的要求。顾客纠缠说：“我的生意不算小，会常来的，你肯定能赚很多钱！”店主告诉他，这事无论如何也不会做。顾客气急败坏地嚷道：“谁都会这么干的，我看你是太傻了。”店主火了，他要那个顾客马上离开，到别处谈这种生意去。这时顾客露出微笑并满怀敬佩地握住店主的手：“我就是那家运输公司的老板，我一直在寻找一个信得过的维修店，你还让我到哪里去谈这笔生意呢？”

这正是诚信的魅力，有时看似笨拙，却可以带来意想不到的商机。

知识链接

范蠡，字少伯，春秋楚国宛（今河南南阳）人，春秋末期著名的政治家、军事家和实业家，被后人尊称为“商圣”。因不满当时楚国政治黑暗、非贵族不得入仕而投奔越国，帮助勾践成就霸业，后急流勇退。期间三次经商成巨富，三散家财，自号陶朱公，乃我国儒商之鼻祖。

动动手

你的周围有经商的亲戚朋友吗？向他们讲述一个诚信经商的小故事。

商之道，诚为先

知识点

做生意若是白手起家，诚信是唯一的筹码，也是最有价值的广告。

一个人没有诚信，就没有人会相信他。平时不讲诚信，以后对自己对别人都是一种伤害。诚信经商，诚信做人，用诚信去对待身边的每一件事，相信美好便离我们不远了。

母亲的“功夫茶”

李嘉诚的父亲李云经在他小时候就去世了，母亲一个人带着他，家中的日子穷困潦倒，贫苦不堪。有时候舅舅会来接济一下他们，但这毕竟只是杯水车薪，年少的李嘉诚还是辍了学。

李嘉诚的母亲庄碧琴出自书香门第，自幼受到良好的教育，不仅读过很多书，还可以吟诗作文。她信奉佛家的“善恶有报”，并常常以此告诫李嘉诚。

长大以后的李嘉诚最先创建了长江塑胶厂，从意大利偷师学艺了塑料花的生产技术，一时间生意火爆。由于消费者喜爱，产品供不应求，工厂出现了降低产品质量来应付订单的情况。结果许多客户对低质量的产品表示不满，要求退货。一时间，银行追债、客户追款、资金周转不利……塑胶厂陷入窘境，濒临破产。李嘉诚感到十分苦恼。

敏锐的母亲发现了儿子的变化。

这天，庄碧琴把李嘉诚叫到身边，说：“儿啊，给妈妈泡一道功夫茶吧。”于是李嘉诚用地道的凤凰茶给妈妈泡了一道潮州功夫茶。

庄碧琴吩咐李嘉诚坐下来，品了几口茶后，问：“你还记得老家开元寺法号叫元寂的那个主持吗？”

未等李嘉诚回答，庄碧琴继续说道：“元寂年事已高，希望找个合适的接班人。候选人是他的两个徒弟，一个法号叫一寂，一个法号叫二寂。”

李嘉诚是个乖顺的孩子，他静静地听着母亲说，并不插话，只是再给母亲满上一杯功夫茶。

元寂把两个徒弟都叫到跟前，说：‘我现在给你们俩每人一袋稻谷，明年秋天以谷为答卷，谁收获的谷子多，谁就是我的接班人。’

“第二年秋天到了，一寂挑来满满的一旦谷子，二寂则两手空空。元寂则当众宣布二寂担当接班人。”听到这里，李嘉诚忍不住打断母亲的话：“不是说好谁收获的谷子多，就选谁当接班人吗？”

庄碧琴笑了笑，说：“是的。一寂听了，不服气地说：‘分明我收获了一担谷子，二寂颗粒无收，怎么能够让他当主持啊！’元寂微微一笑，高声对众人说：‘我给一寂和二寂的谷子，都是用滚水煮熟的。二寂是诚实的，理应由他来当主持。’于是，众人悦服。”

庄碧琴忽然话锋一转，“经商如同做人，诚信当头，则无危而不克了。”

李嘉诚听罢母亲的话，默默不语，明白了母亲的教诲，深有感悟。

不久，李嘉诚用诚信打动了银行、供货商和员工，形势渐渐好转。

诚信铸就根基，李嘉诚从此在商界站稳了脚跟。

知识链接

李嘉诚（1928 年 7 月 29 日—），汉族，出生于广东潮州潮安，祖籍福建莆田，现任长江和记实业有限公司及长江实业地产有限公司主席。2015 年 8 月 19 日，胡润发布 2015 年全球华人富豪榜，李嘉诚以 2000 亿元财富位列全球华人富豪第二位。

动动手

和同学们聊聊你所知道的有关诚信经商的故事。

携信经商

知识点 总有一些人看似傻傻地坚持携信经商，获得的却是良好的信誉和巨大的商机。

诚信是每个人生活中不可或缺的一部分，对经商者来讲更是尤为重要。短时间内，不讲诚信的奸商可能获利更大，但那是以失去顾客的信任为代价，而诚信的经商者总能获得意想不到的财富。

有一种“愚蠢”叫诚信

一辆满载着面包的车出现在遭受了洪涝之灾的小镇上。一群在饥饿线上挣扎的人围了上来，纷纷要买车上的面包，可押解员死活不肯卖。

“为什么不卖给我们，难道你忍心看着我们活活饿死吗？”

“不是我不肯卖，而是老板不准卖。车上装的都是超过了保质日期三天的面包，如果我明知面包过期还卖给你们，老板会毫

不留情地开除我的！”押解员哭丧着脸解释道。

可眼前的灾民已经好些天没碰过食物了，总不能让他们看着满车的面包忍饥挨饿吧。押解员看到人群中有一位拿着相机的记者，便急中生智地对记者说：“卖过期面包，我应当承担责任，但别人强买，我就不应该承担了吧。”很快，一车面包一眨眼就被买光了。

故事本身不稀奇，但故事中那位没露面的老板却引起了人们浓厚的兴趣。她不是别人，就是美国著名的女面包大师凯瑟琳。这个故事被记者公之于众后，女面包大师凯瑟琳几乎一夜成名，人们都知道凯瑟琳为了坚持不卖过期的面包，“愚蠢”到了有生意不做的地步。

凯瑟琳真的愚蠢吗？乍一看好像是，她不懂偷工减料，不懂唯利是图，但她擅长运用生意场上的“杀手锏”——诚信。

通用电气公司的老总说：“我们没有警察，没有监狱，我们必须依靠我们员工的诚信，这是我们的第一道防线。”今天的商业精英无不意识到“诚信”二字的重要性，有些企业甚至把“诚信”当作赖以生存和发展的生命线。诚信经营，看似简单，其实也蕴藏着常人看不到的玄机。

有一种“愚蠢”叫诚信。诚信为本，诚信当先，就能以诚信制胜。

罗斯的“诚意经”

20 世纪 70 年代，在美国芝加哥有两位热血青年，一位叫福特，一位叫罗斯。他们听说比灵斯正在大举开发，都想去那里办工厂。

福特想，他只有抢占好的地段才有胜利的把握，于是他退掉火车票改乘飞机。罗斯也将火车票退掉，却改乘了汽车。

福特很快在比灵斯繁华地段租好了厂房，并招了不少工人。可罗斯还未到达目的地，因为他此时正坐在汽车里与人们聊天，观察人们脚上都穿着怎样款式的鞋子，问人们最喜欢穿什么鞋子。他坐客车辗转了半个月才到达比灵斯，然后，在一个比较偏僻的郊区租了厂房。

福特生产的鞋子没人要，而罗斯的鞋子却卖得很火。福特便花高价雇人去罗斯那里秘密考察，发现罗斯做的鞋子跟当地人穿的是一种款式。福特很快大量生产出了和罗斯生产的相同的鞋子，并且也同样得到了当地人的认可。可突然一股强烈的金融风暴席卷了整个美国，福特和罗斯的工厂都受到了影响。福特支撑不住了，仓库里的货越积越多。福特只得一边低价处理积压品，一边疯狂裁员，许多员工被借故炒掉，工资也被无故克扣，顿时员工们怨声四起。

此时，罗斯的工厂也受到了前所未有的挑战。罗斯将所有工人都聚在广场上开始了他的演讲：我亲爱的兄弟姐妹们，现在公司面临着倒闭的危险，如果大家愿意与我一起坚守，暂时不领薪金，只领取少量生活费，只要公司渡过了难关，我保证双倍奉还。但如果有不信任公司或者另有好去处的，我也当你是朋友，那么你马上就可以领这个月的薪金，等公司发展壮大后再回来。

员工们在静默半分钟后纷纷决定留下来，并为公司捐出了好几千美元，罗斯为此流下感动的泪水。那段日子，他与员工们同吃同住，给员工们以精神上的鼓励。最终他带领员工们咬牙熬过了那段艰难的日子。当风暴过后，经济果然复苏了。福特因实在撑不下去而打道回府，而罗斯却赚了个盆满钵满。他没有食言，所有员工们的福利都随着公司的效益而有所提高。

福特得知罗斯成功的消息后，心里很不是滋味，这次他决定亲自来罗斯的工厂看看。令他不解的是，罗斯的厂房并不漂亮，员工的素质也并不高，更令他不解的是，罗斯给他们的薪金还没有自己给的高！

福特很不理解地问道："你究竟是怎样成功的呢？"罗斯平静地答道："因为我投资的并不是金钱，而是真诚，我给了员工们家一样的归宿感，员工们回报我的也是一样，他们手里的机器生产的不是鞋子，而是真诚！"

知识链接

通用电气公司（GE）是世界上最大的多元化服务性公司，从飞机发动机、发电设备到金融服务，从医疗造影、电视节目到塑料。通用电气公司的历史可追溯到托马斯·爱迪生，他于 1878 年创立了爱迪生电灯公司。1892 年，爱迪生电灯公司和汤姆森 - 休斯敦电气公司合并，成立了通用电气公司（GE）。GE 是自道·琼斯工业指数 1896 年设立以来至今唯一仍在指数榜上的公司。

动动手

你是否因为诚实暂时吃过一些小亏？它最终又给你带来了什么？

诚信的榜样

知识点

中国历史上有许多诚实守信，以身作则的人们，他们以诚立身，受到人们的尊敬。

人生在世，无论是经商还是做人，都应该为自己挂上“诚信”的牌匾，好让自己的人生之路越走越宽广。

温公还钱

明代忠臣温璜的伯父（人称温公）诚信还钱的行为蜚声乡里，成为当地的一段佳话。

因家中人口众多，生活相当困难，温公家里常常没有米下锅。后来经人指点，温公打算开一家米店，可是苦于没有足够的银子，只得四处借钱。后来他终于在同村一位姓朱的村民那里借来了 20 两银子。温公十分感激他，并承诺到时一定连本带息如数奉还。

靠着米店的经营，温公一家的生活终于得到了改善。但是为了能尽快还清债务，温公又到外地做起了生意。一年后，姓朱的村民突然病倒，将不久于人世。这个消息传到了温公的家中，温家有人暗自庆幸，以为这样就可以不用还那笔钱了。

在外地做生意的温公听说了这件事，立刻清算了手中的现钱，简单收拾了一下行囊，便匆匆地往家里赶。一回到村里，温公连家都没有回，就直接奔向了朱家。

一进朱家的大门，看到朱姓村民连说话和呼吸都十分困难了。温公

赶忙把银子递到他的手里，说："请你看一下，这是去年我开米店的时候向你借的钱，加上利息，一分不少，都在这里。我听说你病重，特地从外地赶回来见你一面。本来想尽早还你的，可是生意并不好做，所以拖到了现在。"听了这番话，姓朱的村民竟然坐了起来，眼含热泪地说："世界上竟然有温公你这样忠厚老实的人……"话音刚落，那个人便闭上了眼睛，安详地离开了这个世界。

温公回到家中，把还钱的事跟家里人说后，家里有人说他太傻了。但是温公却很严肃地说："我们做人要有诚信，要讲道德，借了别人的钱一定要归还。我之所以回到村里就直接去朱家，其中一个原因也是怕你们阻拦。如果别人借了我们的钱不还，你们会怎样想？"家里人听完了他的话，先是一阵沉默，随即也点头认同了温公的做法。

温公诚实守信，以身作则，不仅给家人树立了榜样，同时也给后世树立了好榜样。

陆元方诚信卖房

陆元方，唐朝大臣，武则天时官至鸾台侍郎、同平章士。为官清廉谨慎、诚实守信。

陆元方在洛阳（今河南洛阳）城外有一处有名的宅院——锦绣园。宅内有亭台楼榭、小桥流水，既雅致又幽静，是个难得的好居处。

后来由于家道中落，陆元方和陆寅、陆卯两个侄儿商量，决定卖掉锦绣园。

陆元方要卖锦绣园的消息不胫而走，吸引了两个商人前来。陆元方说道："宅院是我和兄长一手建造，本是打算世代居住的。现家道中落，但也无意靠它赚钱，就按当时价格折七成计算，给纹银六千两吧！"两人一听，大喜过望，当场决定买下。由于怕陆元方反悔，他们急忙掏出五十两银子塞到陆元方手中，作为定金，约定三日后正式交易。

两个商人走后，陆元方独自一人漫步在庭院内。不一会儿，陆寅、陆卯急匆匆地赶来，说太守请他到府上一聚。

来到太守府，太守开门见山地说出了想买陆家宅院的意图，让陆元方开价，但陆元方却满怀歉意地拱了拱手，说宅院已经有买主了，虽还没正式交易，但买主已预付了定金。

太守坚持要买，并开出双倍的价钱。但陆元方还是婉言拒绝了，并坚定地表示："答应了别人的事，一定要讲信用。"太守满脸不悦，让他回去再想想。

当夜，陆元方左思右想，辗转难眠，第二天一大早，就登门拜访太守。太守一见，以为他回心转意，没想到他仍不改初衷。这下太守真的生气了，大骂陆元方忘恩负义，说："当年如果不是我秉公断案，你们陆家早就株连九族了！"陆元方一脸尴尬地跪下，但违约的事坚持不做。

太守买房的事被陆元方的母亲知道了，她怒气冲冲地质问陆元方："你可知滴水之恩当涌泉相报？太守想买这宅院，别说卖，就是白送，我们也该毫不吝惜！"

陆元方"扑通"一声跪下，向母亲说明不把宅院卖给太守的理由："您和父亲自小就教育我，不能失信于人。如今，我已经答应将宅院卖给别人，又怎么能言而无信呢？"陆母顿时语塞。

此时，外界纷纷传言"锦绣园贱价出售，一定有什么不可告人的隐情"。于是，那两个商人决定再去看看，然后决定买不买。两个商人来到锦绣园实地勘察，没有发现任何问题，决定买下它开个酒楼。陆元方立即说道："宅院不能开酒楼，因为没有下通的管道。"两人有些失望，又回去商量了一阵。

全家都责怪陆元方说了实话，但他却说道："如果我不讲实话就是欺骗买主。我们就是有再大的难处，也要诚实守信！"

过了几日，那两个商人再次登门，要求买下锦绣园。原来，那天陆元方毫不隐讳地说出了房子的缺陷，令他们很感动，并使他们坚信这座宅院不会再有其他缺陷了，于是决定把它买下来开个绸缎庄。

诚信的基本含义就是诚实、无欺、践诺、守约；诚信所体现的是信守承诺的责任感和对自身言行负责的道德感。"诚"是"信"的基础，一个人只有先做到真诚、诚实、不欺，进而才可能做到践诺、守约、讲信用。

知识链接

唐代国家长期统一，社会相对安定。均田制、实行租庸调制等一系列促进生产力发展的政策的推行，使封建经济呈现高度繁荣的局面。安史之乱是唐朝经济由盛转衰的转折点。此时均田制已经逐步瓦解，土地兼并现象日趋严重，租庸调制也无法实行。藩镇割据的形势已经形成。唐德宗实行两税法，对经济恢复起到了一定作用，但仍没能挽救唐末经济日益衰落的局面。

动动手

同学们可在班上表演一段温公还钱的小戏剧。

非诚难为商

知识点 诚信是企业生存和发展的基石，是企业重要的无形资产。

在我国古代的商业文化中，宝贵的诚信传统如“童叟无欺”“人背信则名不达”等为世代口碑相传……这些训诫都显示出“诚信”二字的深刻内涵，成为商业文化中坚实而亮丽的一部分。前GE首席执行官杰克·韦尔奇先生也曾在他的一部著作中写道:“任何一家想在当今激烈的市场竞争中取胜的企业都必须认真面对“诚信”二字。”

诚信的电话

一天一位名叫基泰丝的美国记者来到日本东京，她在一家名叫奥达克余的百货公司买了一台唱机，准备送给住在东京的婆婆作为见面礼。

来到柜台前，售货员彬彬有礼、笑容可掬地特地挑了一台尚未打开包装的产品给她。然而回到住处后，基泰丝拆开包装试用时才发现机子没装内件根本无法使用。她气得火冒三丈，准备第二天一早找百货公司理论交涉，并迅速写了一篇新闻稿《笑脸背后的真面目》，揭露商场欺骗顾客的行为。

谁料第二天一早，一辆汽车载着一群人来到她的住处，从车上下来的是奥达克余百货公司的总经理和拎着大皮箱的职员。他们一走进客厅就俯首鞠躬、连连向基泰丝道歉，基泰丝一脸疑惑，不知道百货公司是如何找到她的。

接着，那位职员打开记事簿讲述了事情的大致经过。原来，昨天下午商场清点商品时，发现将一个空心的货样卖给了一位顾客，由于此事非同小可，总经理立即召集有关人员商议。当时只有两条线索可找到这位顾客，一条是顾客的名字，另一条是她留下的一张美国快递公司名片。据此，百货公司展开了一场“大海捞针”的行动。他们打了 32 次紧急电话向东京的各大宾馆查询均无结果。于是又打电话到美国快递公司的总部，深夜接到回电得知该顾客父母的电话号码，接着打电话给其在美国的父母，得到顾客在东京婆婆家的电话号码，几经波折终于找到了顾客的住处。这期间共打了 35 个紧急电话。职员说完，总经理就将一台完好的唱机外加唱片一张、蛋糕一盒奉上，并再次表示歉意后离去。基泰丝无比感动，随后立即重写了新闻稿，题目就是“35 个紧急电话”，表达对百货公司的谢意和赞赏。

百货公司的电话，是对诚信的一种坚守，也是对顾客的负责和尊重。后来，来这家商场购物的顾客越来越多，公司的生意也越做越好。

100 元的坚持

从前，有这样一家销售自动洗衣机波轮部件的公司，多年坚持不变的品质，使公司在消费者中赢得了信任。

某天，一位以远方来的经销商来到这家公司，他自称是某洗衣机的总代理，在洗衣机行业经营了五六年，要求这家公司的董事长在机器价格上下调 100 元，他说：“以后我会在你们公司大量下单，会有你的好处的。”但董事长拒绝了这样的要求，经销商纠缠说：“我们的生意不算小，会经常下单，你肯定能赚很多钱，只要你将机器的塑件省点、铁件省点、电子元件省点，你的这台机器就能生产出来了，咱们互利双赢嘛！”

董事长义愤填膺地告诉他：“我们公司无论如何也不能生产这种机器！”经销商气急败坏地嚷道：“谁都有这种价格的机器，我看你是太傻了。”

董事长火冒三丈，严厉地对经销商说：“你可否知道这小小的 100 元对洗衣机的品质影响是多么重要，我们宁愿失去这块蛋糕，也要保住我们的质量和品牌，我们公司是将洗衣机波轮部件当做事业来诚信经营的，失去诚信，何谈经营！我们不需要你这种经销商，请你马上离开！”

这时，经销商竟露出了微笑，他满怀敬佩地握住董事长的手，激动地说道：“如今市场走向不定，生意也不好做，我就是一直在寻找一家能在恶劣的市场竞争环境下还能坚守产品质量的厂家，好让我们能有信得过的产品。贵公司以诚经营，保证质量，让消费者满意放心的宗旨让我钦佩，如今就是我的连锁店多开几家也不会有售后的担忧啊！董事长，这个合同我签了，以后我还会常来，一起和你交流连锁经营的事项。”

就这样，董事长坚守自己的诚信，赢得了经销商的信赖，更赢得了消费者的信任。

朋友们，诚信对于企业的发展是如此重要，同样，诚信对于一个人、一个民族、一个国家，更是立身之本。我们唯有以诚待人，以信处事，方能拥有属于自己的一片灿烂天空！

知识链接

唱机，留声机和电唱机的总称。是一种放音装置，其声音储存在以声学方法在唱片（圆盘）平面上刻出的弧形刻槽内。唱片置于转台上，在唱针之下旋转。留声机为爱迪生的众多伟大发明之一。唱片能比较方便地大量复制，放音时间也比大多数筒形录音介质长。

动动手

说说你知道的品牌的“背后的故事”。

立于世，先学诚

知识点 生活中需要真诚。一个人要立身于世，诚为先，经商之道同样如此。

诚信是人的立身之本，也是一切事业得以成功的保证。

一张床垫

美国人汤姆搬家时，准备换一张新的床垫。于是去了一家名为“蓝森林”的家具店买床垫。来到家具店后，汤姆看中了一张美国知名的家具厂“美像厂”生产的床垫。

付款时，汤姆按规定先向家具店交付了200美元的订金。但谁也没有想到的是，他在回家的路上，一辆煤气车突然发生爆炸，导致汤姆的车子也被炸翻了。他被送到医院时，已经不省人事。

交货的日子到了，家具店按时把床垫送到汤姆的家里，结果开门的人说他从来没有订过床垫，还说这里根本没有一个叫汤姆的人。送货员百思不得其解，只好将床垫拉回了店里。

“蓝森林”家具店是一家诚信经营、严守合同、为顾客着想的老店。他们觉得经商之道重在守信无欺，随即在店门口张贴了广告，又在当地的报纸上发布了消息，希望知情者能提供有关汤姆的线索，好让他将床垫领走。汤姆的家人正为他的伤势担忧难过，根本没有时间看报纸，对汤姆订了床垫的事更是一无所知。

就在这期间，家具店也换了两次老板。接任者严格遵守前任老板的经商理念，信守诺言，每隔一段时间，他们就会拿出一支粗笔，把床垫上那

几个已经模糊了的大字再描上一遍："订购人，汤姆。"他们耐心地等待汤姆，并把这件事作为信守合同的一种义务履行着。

谁也没想到，七年之后，奇迹发生了——植物人汤姆苏醒了。这一消息很快传开。家具店老板得知后，终于找到了汤姆。急忙派人去医院找。原来，七年前汤姆把订货单上的地址写错了，把一区写成了七区，因此床垫没法准确送达汤姆的家中。

家具店信守诺言的这件事在美国引起了强烈的反响。家具店的信誉让人十分感动，家家户户赞不绝口，经商者们默默地坚持了七年，整个过程虽平凡却让人感动得流泪。

据说，就连美国当时的总统里根看了报道后，也在一家新闻中心对此大加赞扬，他肯定地说："真诚，一定会感动上帝！

乱世中显诚信

生财有道，不能欺诈，诚信经商，这也是晋商兴盛的原因之一。

相传在 1900 年，八国联军侵占北京时，当时城中许多王公贵戚、豪门望族都随着慈禧、光绪逃往西安。很多人由于仓皇逃离，来不及收拾家中的金银细软，随身携带的只有山西票号的存折。

在山西，来山西票号兑换银两的人络绎不绝，门前挤满了人，一个个争先恐后。他们急等用钱。

山西票号的商人们目睹了难民们仓皇逃窜的现状，也知道他们急等用钱，但是票号存储从来都是以账本为据，并且山西票号在这次战乱中也损失惨重，其设在北京的分号的银子不但被劫掠一空，甚至连账簿也付之一炬，没有了账薄，票号就没有了记录，根本无法知道究竟有哪些人在票号里存过银两，更别说这些储户到底存了多少银两。

在这种情况下，山西票号本可以向京城来的储户言明自己的难处，等总号重新清理账目之后再向各位储户兑现银两，这样的要求无可非议，也合情合理。因为来取银子的难民刚刚经历过京城的兵灾，很多人甚至是亲眼目睹了票号被劫掠的情况。

但是，以日升昌为首的所有山西票号秉承经商人的诚信，更拿出经商人应有的气魄，他们承诺，只要储户拿出折子，不管银两数目多大，银两一律立刻兑现。

此举无疑使票号承担了巨大的风险，真假难辨，稍有不慎，辛辛苦苦经营起来的票号的生意就可能陷入灭顶之灾。而日升昌和其他山西票号在危难之时所表现出的胆识让人赞叹，他们以不计后果的举措向世人昭示了信义在票号业中至高无上的信誉。

战乱过后，各个票号在北京的分号重新开业时，不但普通百姓纷纷将积蓄放心大胆地存入票号，甚至朝廷也将大笔的官银交给票号汇兑、收存。就这样，以日升昌为首的山西票号在战乱中，以诚信经营，甘冒风险的气魄赢得了国家和人民的信任。

知识链接

日升昌，中国第一家票号，坐落于“大清金融第一街”平遥古城西大街的繁华地段，是中国现代银行的开山鼻祖。从清道光初年成立票号到歇业，历经一百多年，曾经“执中国金融之牛耳”，分号遍布全国 35 个大中城市，业务远至欧美、东南亚等国，以“汇通天下”而著名，被余秋雨先生誉为中国大地各式银行的“乡下祖父”。

动动手

同学们知道中国古代十大商人分别是谁吗？查查资料与大家分享吧！